JOGOS EDUCATIVOS

Estrutura e Organização da Prática

Prof. Ms. Adriano José Rossetto Júnior
Prof. Esp. Ambleto Ardigó Júnior
Prof. Esp. Caio Martins Costa
Prof. Ms. Fabio Luiz D'Angelo

São Paulo, 2009

Jogos Educativos: estrutura e organização da prática
Copyright © 2005, 2006, 2007, 2008, 2009 by Phorte Editora Ltda.

Rua Treze de Maio, 596 – Bela Vista – São Paulo – SP
CEP: 01327-000 – Brasil
Tel/Fax: (11) 3141-1033
Site: www.phorte.com.br   *E-mail*: phorte@phorte.com.br

Diretor-Presidente: Fabio Mazzonetto
Diretora-Executiva: Vânia M. V. Mazzonetto
Editor Executivo: Tulio Loyelo
Assistente Editorial: Talita Gnidarchichi
Projeto Gráfico e Capa: Márcio Maia
Diagramação: Deborah Mattos
Revisão: Nathalia Ferrarezi
Ilustrações: Jonatas dos Santos Jacob
Impressão: Midiograf

Nenhuma parte deste livro pode ser reproduzida ou transmitida de qualquer forma ou por quaisquer meios eletrônico, mecânico, fotocopiado, gravado ou outro, sem autorização prévia por escrito da Phorte Editora Ltda.

CIP-BRASIL. CATALOGAÇÃO-NA-FONTE
SINDICATO NACIONAL DOS EDITORES DE LIVROS, RJ

J62
5.ed.

Jogos educativos : estrutura e organização da prática / Adriano José Rossetto Júnior... [et al.]. - 5.ed.. - São Paulo : Phorte, 2009.
  96p. : il.

  Inclui bibliografia
  ISBN 978-85-7655-228-4

  1. Jogos educativos. 2. Jogos em grupo. 3. Esportes - Estudo e ensino. 4. Educação física - Estudo e ensino. I. Rossetto Júnior, Adriano José, 1969-.

09-2100.   CDD: 796.07
                   CDU: 796(076)

06.05.09 08.05.09   012471

Impresso no Brasil / *Printed in Brazil*

DEDICATÓRIA

Este livro é dedicado aos alunos do passado, do presente e do futuro, que nos ensinaram, ensinam e ensinarão sobre a difícil arte de ser educador.

Adriano, Abel, Caio e Fabio

AGRADECIMENTOS

Agradecemos aos parceiros do IEE: Ana Moser, Isabel, Marta, Iolete, Paulo Henrique, Ale, Bethânia, Alan Leão, Alan Barbosa, Alan Aparecido, Rodrigo, Celiane, Cássia, Luciana, Átila, Roberto, Edilene, Everaldo, Cláudio, Cibelle Regielle, Cibele Venâncio, Rosangela, Fábio, Mafalda, Janaina, Rodrigo, Josemar, Luiz Alex, Carlos Eduardo, Renata, Cristina, Raquel e Juliana pela oportunidade de trabalho coletivo e pelo aprendizado diário que nos têm proporcionado, com a dedicação, profissionalismo e qualidade das atividades pedagógicas realizadas nos núcleos.

APRESENTAÇÃO

Este livro sobre jogos educativos foi formulado pela equipe de coordenadores pedagógicos do Instituto Esporte & Educação para servir como base do conhecimento que o Projeto Caravana do Esporte – desenvolvido desde 2005 em uma aliança entre a ESPN Brasil, UNICEF e IEE – pretendia levar a comunidades isoladas. Até 2007, o Projeto realizou 24 incursões de ação educacional em 12 estados das regiões Norte, Nordeste, Centro-Oeste e periferias das grandes capitais brasileiras. A Caravana segue em frente com o objetivo de estimular a prática do esporte com pressupostos educacionais e de inclusão social, aliando os valores do esporte à educação e à cidadania, realizando ações em conjunto com as escolas que envolvam alunos, professores, funcionários, pais e toda a comunidade.

As comunidades visitadas são indicadas pelo UNICEF (Fundo das Nações Unidas para a Infância) a partir da avaliação do Índice de Desenvolvimento Humano (IDH) e do Índice de Desenvolvimento Infantil (IDI) dos municípios. Além de chancelar o programa, o UNICEF apóia institucionalmente, coordena contatos com projetos sociais existentes nesses locais e desenvolve questionários e relatórios de impacto da ação. O programa visitou em 2005, 2006 e 2007 as seguintes cidades: Alcântara (MA), Soure (PA), Caarapó (MS), Boa Vista de Ramos (AM), Curaçá (BA), Formosa (GO), Palmeira dos Índios (AL), Santarém (PA), Caracol (PI), Conceição do Coité (BA), Itapecuru Mirim (MA), Dourados (MS), Itaobim (MG), Uauá (BA), Nova Olinda (CE), Salvaterra (PA), Quebrângulo (AL), Salvador (BA), São Paulo – Cidade Tiradentes, Arcoverde (PE), São Paulo – Capela do Socorro, Aquidauana (MS), Senhor do Bonfim (BA) e Ibotirama (BA).

O projeto originou-se de um sonho comum de várias pessoas e instituições. O primeiro passo deste projeto ocorreu no início de 2002, em uma série de reuniões envolvendo ícones do esporte, entre eles, José Trajano; o Raí, da Fundação Gol de Letra; o jornalista Juca Kfouri; Ana Moser, liderando o Instituto Esporte e Educação; Wladimir, do futebol; e Paula, do basquete. Desses encontros, formularam-se propostas que foram posteriormente entregues ao Governo Federal, já na gestão do Presidente Luis Inácio Lula da Silva. Entre essas propostas, estava a Caravana do Esporte e a perspectiva era que essas idéias fossem aproveitadas pelo Ministério do Esporte.

Infelizmente, as propostas não foram implementadas naquela época pelo Ministério do Esporte, que se tornou parceiro apenas em 2007. Em 2005, porém, os parceiros tomaram o projeto, buscaram apoio de empresas e viabilizaram a realização do Projeto. As 24 incursões da Caravana do Esporte transformaram-se em 24 documentários de TV, demonstrando o retrato social das comunidades visitadas e o impacto das atividades realizadas durante os dias em que a equipe de atletas e professores realiza as clínicas esportivas, as oficinas de material esportivo alternativo, oficinas de rádio, fotografia e vídeo, encontros pedagógicos de capacitação dos professores da região, palestras sobre saúde e higiene bucal, doação de material esportivo e minibibliotecas. No total, foram atendidas, entre os anos de 2005 a 2007, 45 mil crianças e adolescentes entre 7 e 14 anos, alunos da rede pública e ensino, além de capacitar 4 mil professores da rede pública de ensino, educadores comunitários, agentes esportivos e lideranças comunitárias.

A partir desta primeira aliança e sob a Direção Geral da jornalista Adriana Saldanha, são reunidos como parceiros os atletas Sócrates, Wladimir, Patrícia Medrado, Jackie Silva, Suzete, Ataliba, Afonsinho, Daniel Rodrigues, Eduardo Bacelar, Marta Sobral, Ida, Tobias, Lars Grael, Edinanci, Claudinei Quirino, Vânia e Vanira Hernandez, Adauto Domingues, Daiane Camilo, entre outros atletas que desenvolveram trabalhos sociais utilizando o esporte como ferramenta de educação. Para formar as equipes de cada uma das viagens, foram convidados professores e outros profissionais ligados às instituições e ao trabalho social desenvolvido pelos atletas mencionados.

Ao Instituto Esporte e Educação ficou a missão de coordenar a ação dos vários atletas, profissionais e professores, planejando e formulando a estrutura, organização e metodologia aplicada em todos os destinos do projeto. A partir dessa elaboração, originou-se este livro, produzido pelo grupo de coordenadores pedagógicos do IEE, no sentido de fornecer conhecimentos básicos na estruturação e organização de jogos nas aulas de Educação Física e atividades esportivas, utilizando os jogos da cultura corporal de movimento como ponto de partida, em uma linguagem acessível e facilmente aplicável.

Em três anos, foram distribuídos mais de 4.000 exemplares para professores e educadores da região semi-árida nordestina, do cerrado e da Amazônia. Em cada cidade visitada, os jogos e a metodologia do livro são aplicados nas atividades esportivas promovidas junto às comunidades e discutidos com o grupo de professores locais, no intuito de fortalecer os conteúdos pedagógicos e didáticos do esporte, para que este grupo de professores pudesse dar continuidade às ações implementadas.

Os resultados positivos desta ação favoreceram a compreensão da relevância do esporte para a educação dos jovens como um instrumento de emancipação e conquista da cidadania. O UNICEF, parceiro do programa, reconheceu que a prática esportiva contínua e articulada com a escola e o poder público tem estreita vinculação com todos os objetivos do Programa de País projetado pelo UNICEF para o período 2007-2011: aprender, crescer sem violência, sobreviver e desenvolver-se, proteger-se do HIV/Aids e ser prioridade nas políticas públicas.

O tema "Esporte e Cidadania" foi inserido na edição do programa "Selo UNICEF Município Aprovado Edição 2008" com o objetivo principal de garantir e promover o direito às crianças e adolescentes de brincar, praticar esporte e se divertir, desenvolvendo atividades para a concepção e implantação de políticas públicas de esporte e lazer nos municípios.

A certificação do município será conquistada com o cumprimento de determinados objetivos e metas estabelecidas pelo UNICEF em parceria com o Instituto Esporte & Educação. Com esse propósito, foram elaborados e estruturados o Guia Esporte e Cidadania de orientação para os municípios e o Caderno de Atividades, que estabelecem os procedimentos e as atividades necessárias para à obtenção do Selo.

O livro Jogos educativos: estrutura e organização da prática contribui para a implantação e implementação dessas ações esportivas/socioeducativas nos municípios, apresentando subsídios e descrevendo possibilidades de desenvolvimento de atividades práticas (jogos) que mobilizam as crianças e adolescentes a se comprometer e colaborar na mudança das condições de vida cotidianas.

O fortalecimento e a disseminação da proposta do emprego do esporte como instrumento de transformação humana, emancipação social e cidadania estão nas mãos daqueles que se envolvem e assumem a responsabilidade de sua continuidade. Logo, estão em poder de todos os professores, sejam de Educação Física ou não, que acreditam no potencial dos jogos e do esporte como processo educacional, sendo este livro uma das ferramentas para que este sonho se realize.

Com esse espírito, o Instituto Esporte & Educação divide com vocês os conhecimentos construídos pelas experiências na implantação e gestão de programas esportivos/socioeducacionais em comunidades desfavorecidas nos estados de São Paulo e Rio de Janeiro e as vivências pelo Brasil afora.

Façam bom uso! Experimentem, criem e transformem para suas realidades.

Ana Moser
Presidente do Instituto Esporte e Educação
Abril de 2008

PREFÁCIO À 4ª EDIÇÃO

Você tem em mãos um livro que não é apenas um livro, mas uma ferramenta para a promoção dos direitos da infância e da adolescência. Essa afirmação talvez cause estranheza pela dúvida que possa surgir sobre a relação do esporte com direitos.

Para nós do UNICEF é muito fácil responder. Nós temos como missão promover o respeito, a proteção e a garantia dos direitos, ajudando os países a satisfazer as necessidades básicas e a expandir as oportunidades de pleno desenvolvimento de cada criança. E entendemos que, para cada criança ter desenvolvimento pleno, é necessário ter acesso ao lazer e ao esporte, além de educação, saúde e proteção.

Partindo dessa premissa, agora ficou fácil entender a relação direta do esporte com a promoção e garantia dos direitos da infância. Concorda? Por isso, só temos que comemorar esta edição do *Jogos Educativos*: estrutura e organização da prática, fruto do trabalho de pessoas e profissionais dedicados a transformar realidades, utilizando a experiência, o contato social e a interação que os jogos esportivos proporcionam.

Queremos ressaltar, entretanto, que o UNICEF vê a prática do esporte e do lazer não apenas como ferramentas importantes de interação social e transformação social, mas como um direito de cada criança e adolescente para o seu desenvolvimento pleno como seres humanos. O nosso foco, portanto, é o de direitos.

Não é de hoje que o esporte vem se mostrando muito eficiente para esse objetivo. Um exemplo é a Caravana do Esporte, iniciativa que tem como parceiros o Instituto Esporte & Educação, o canal de televisão ESPN Brasil e o UNICEF. Em três anos de atividades, a Caravana deixou um rastro de cidadania pelos mais de 30 municípios por onde já passou. O esporte, quando bem utilizado, é um fator de promoção e proteção de direitos.

Assim, esperamos que este "livro-ferramenta" possa ajudar você, os educadores, professores e mobilizadores sociais a levar cidadania, proteção e a garantia dos direitos, por meio do esporte, dos jogos, da brincadeira e da alegria. Afinal, é dever de todos nós a garantia no rosto de cada criança do olhar e do sorriso, nascidos da infância vivida plenamente com todos os seus direitos assegurados.

Marie-Pierre Poirier
Representante do UNICEF no Brasil
Abril de 2008

PREFÁCIO
À 1ª EDIÇÃO

Ao receber o convite de prefaciar o livro *Jogos Educativos*: estrutura e organização da prática, inicialmente, senti-me constrangido, em razão de supor ser mais uma daquelas receitas de práticas educacionais sem embasamento, com uma abordagem de ensino tradicional de cunho tecnicista e, às vezes, propondo o fazer pelo fazer, o jogar pelo jogar, apenas no sentido do recrear, que tanto se encontra como subsídios à formação do professor de Educação Física. Mesmo incomodado com a situação, pensei, que antes de qualquer posição deveria analisar o livro que tinha em mãos, então, eis que a surpresa foi positiva, ótima e gratificante, pois os autores realizam uma abordagem metodológica do ensino de jogos e esportes a partir da cultura corporal de nossa sociedade, respeitando o interesse, as habilidades e competências apresentadas *a priori* pelas crianças, propiciam uma prática de ensino inteligente, que abarca o sensível e o inteligível da criança, potencializando o jogo como fator de desenvolvimento global.

Jogos Educativos de maneira simples, objetiva e pragmática realiza a simbiose dos aspectos teóricos e práticos da utilização do jogo pela Educação Física, como meio educativo e propiciador do desenvolvimento dos domínios cognitivo, sócio-afetivo e psicomotor do ser humano. O texto articula corretamente a conceituação teórica à estrutura e organização da prática de jogos, apresentando passo a passo o universo a analisar e contextualizar, passando pelo papel do educador até chegar a formalização da aula, para o emprego do jogo em contexto educativo.

O livro traz subsídios teóricos e, principalmente, operacionais aos professores de Educação Física, que passam a ter um instrumento claro, objetivo e seguro para ações educativas por meio de jogos. Acredito que o manual agrega valores e diferencia a prática pedagógica dos educadores, que o utilizarem como ferramenta na busca da Educação Física de qualidade.

A Educação Física e o esporte necessitam de um outro olhar para o ensino de jogos com intenção educacional, foco esse que desvie da performance e da técnica e concentre-se em oportunizar a resolução de problemas nos jogos, que produzam convívio social e ético dos alunos, permitindo a crítica e a criatividade dos alunos na elaboração e prática dos jogos, assim impulsionando as crianças e jovens rumo à autonomia das práticas esportivas e de lazer. O livro *Jogos Educativos* serve como lentes para indagar as velhas paisagens pedagógicas e quem sabe descobrir e praticar de um jeito diferente a Educação Física.

Mauro Gomes de Mattos
Professor Doutor da Faculdade de Educação da
Universidade de São Paulo

Sumário

...0 INTRODUÇÃO 11

...1 BASE CONCEITUAL DA METODOLOGIA DE ESPORTE E EDUCAÇÃO DO IEE 15

...2 ORGANIZAÇÃO E ESTRUTURA DA PRÁTICA DE JOGOS 23

...3 JOGOS PARA O DESENVOLVIMENTO DE COMPETÊNCIAS 31

...B BIBLIOGRAFIA 95

INTRODUÇÃO

Ao longo do tempo, o conhecimento produzido através do contato entre os diferentes povos em torno das atividades lúdicas, práticas religiosas, exercícios preparatórios para o combate, manutenção da saúde, caça e pesca, acumulado e passado de geração em geração, formou o que atualmente chamamos de **cultura corporal**.

O fato de esse campo cultural ser muito amplo e variado tornou necessária a realização de um recorte para destacar as práticas mais comuns e possíveis de serem trabalhadas em escolas, centros educacionais e comunitários, que tenham como objetivo a educação de crianças, jovens e adultos. O recorte realizado na cultura corporal passou a ser conhecido como **cultura corporal de movimento,**[1] explicitando a intenção de trabalhar com práticas como os jogos, as lutas, as atividades rítmicas e danças, os esportes e as ginásticas como produções culturais possíveis de serem estudadas como processo de ensino e aprendizagem.

Os jogos e os esportes se destacam como elementos de integração social, troca de conhecimentos, ampliação das possibilidades de convivência e instrumento educacional capazes de reduzir o comportamento anti-social, prevenindo a violência por meio de regras e normas de conduta estabelecidas para garantir a convivência, o **espírito esportivo**.

Um dos principais objetivos da Caravana dos Esportes é a disseminação do conhecimento e da cultura corporal, mais especificamente das práti-

---

[1] Parâmetros Curriculares Nacionais – MEC 1996 / 1998.

cas relacionadas aos jogos e esportes. O Instituto Esporte e Educação (IEE) desenvolve uma metodologia de trabalho com o esporte que propõe que se aprenda a competir, cooperar e assumir uma postura de respeito às regras e aos adversários, uma aprendizagem que se transforma em instrumento valioso para a educação e a interação entre as pessoas e o desenvolvimento integral do ser humano.

Os jogos e os esportes, como fenômenos sociais, podem ser entendidos como moderadores do comportamento humano, capazes de canalizar o impulso agressivo presente no desenvolvimento social do homem ao longo do tempo. Esse impulso agressivo desencadeou guerras pela conquista e dominação de espaços e povos. E foi o modo que o homem encontrou para controlar e adaptar o ambiente às suas necessidades de sobrevivência. Esse processo foi fundamental para a humanidade desenvolver-se em torno de leis que pautassem o comportamento e a convivência, que atualmente conhecemos como direitos humanos.

Os jogos e os esportes proporcionam a experiência de situações de convivência e conflito, transferíveis para o cotidiano familiar, escolar e do mundo do trabalho, em dinâmicas com diferentes graus de competitividade e cooperação.

Adorno (1995), Dewey (1956) e Orlick (1989) relatam que, durante o jogo, forma-se uma mini-sociedade que estabelece as regras e normas para sua realização, transformando ou reforçando valores e atitudes da sociedade maior. Assim, o jogo é ambíguo, podendo ser canalizado para o "bem" ou para o "mal".

Os jogos são atividades ricas em situações imprevistas, às quais o indivíduo tem de responder prontamente assumindo responsabilidades e riscos. O comportamento dos jogadores é determinado pela interligação complexa de vários fatores de natureza psíquica, física, tática e técnica. Os jogadores devem resolver situações que exijam elevada adaptabilidade, ou seja, a capacidade de elaborar e operar respostas às situações aleatórias e diversificadas que ocorrem no jogo, o que supõe o trabalho em equipe para alcançar a vitória ou conquistar os objetivos.

Neste ambiente, a equipe passa a ser entendida como um microssistema social complexo e dinâmico, semelhante às empresas e instituições, com criação de regras, normas e valores. A vitória conquistada no jogo representa

padrões de produtividade, como resultado do trabalho em equipe, próximo ao exigido nas empresas.

Devemos, no entanto, nos precaver de uma interpretação exclusivamente utilitária do jogo como instrumento educacional, possível de transferência para outras situações do cotidiano, relacionadas a outras disciplinas escolares ou, ainda, a situações relativas à convivência na comunidade. O jogo, para a criança, não é uma atividade do passado ou futuro, mas do presente, do "agora", da realidade criada por suas características. Segundo Callois (1990) e Wallon (1981), a finalidade do jogo encontra-se nele mesmo. Callois (1990) é mais enfático ao apontar o jogo como uma suspensão temporária da realidade. Assim, como garantir essa transferência para o mundo do trabalho?

Para Brougère (1998), Elkonin (1984), Huizinga (1996) e Vygotsky (1984), o jogo é uma atividade representativa/interpretativa, e não apenas imaginária, um misto das vivências concretas com a fantasia (imaginário).

Os autores concordam que o jogo é fator de desenvolvimento do ser humano, um meio de interação entre os participantes, no qual a criança expressa seus comportamentos e valores. Para participar e ser aceita no grupo, a criança deve adotar o comportamento, as atitudes e as normas instituídas pela mini-sociedade formada em torno da prática do jogo, potencializando, assim, o desenvolvimento da socialização.

O jogo e o esporte, como instrumentos educacionais, devem contribuir para a construção de valores morais e éticos, coibindo a competição exacerbada e a conquista de resultados a qualquer custo.

Assim, o foco da intencionalidade educativa do jogo deve apontar para os seguintes objetivos:

- Resgatar valores humanos, como amizade, cooperação, solidariedade e respeito.
- Favorecer a interação entre os alunos e o meio ambiente.
- Construir regras, normas e atitudes positivas.
- Ampliar as oportunidades de desenvolvimento psicomotor, cognitivo e sócio-afetivo.
- Formar cidadãos críticos, participativos e cientes de seu papel na sociedade, visando a torná-la mais justa e democrática.

Neste momento, é imprescindível lembrar Freire (1989), para quem os sentimentos se formam com a vida, "[...] assim, se não nascemos definidos, nosso amor, nosso ódio ou compreensão serão produtos de nossa relação com o mundo".

O esporte também possui um papel fundamental nas comunidades. Pode gerar empregos e atividades econômicas em muitas áreas, além de seu grande potencial de agregação social, contribuindo para a saúde e o bem-estar, principalmente dos jovens. "Quando os jovens participam de esportes ou têm acesso a educação física, podem experimentar o prazer do trabalho em equipe" (Kofi Annan, Secretário-Geral da ONU).

Para Ana Moser, presidente do Instituto Esporte Educação (IEE), a dimensão social do esporte ultrapassa o esporte profissional. Para ela, as modalidades esportivas, além do espetáculo, podem ser exploradas como instrumento de comunicação, expressão de sentimentos e emoções, promoção de cidadania – pelas regras e pela competição com valores positivos –, lazer e saúde. O esporte pode se tornar uma ferramenta para a transformação social sonhada para o Brasil. Mais que "ocupar o tempo" ou atrair os jovens utilizando o esporte como artifício, é preciso criar ambientes e conteúdos de aprendizagem a partir de um programa esportivo bem elaborado e cuidadosamente executado, como propõe o IEE.

A aprendizagem depende muito do vínculo criado entre professor e aluno. Em uma relação de segurança e cumplicidade, a aprendizagem acontece de forma mais eficiente, prazerosa e duradoura. "É preciso mais do que um conhecimento metódico de técnicas de dar aulas para formar um educador [...] Uma relação educativa pressupõe o conhecimento de sentimentos próprios e alheios" (Freire, 1989).

Cabe aos educadores utilizarem-se dos jogos de forma contextualizada para não reproduzir a cultura e os valores de uma sociedade desigual e opressora, mas para produzir conhecimentos, valores e procedimentos que contemplem o ser humano de forma integral, contribuindo para a superação do paradigma de individualismo e corporativismo que resulta na acentuação das desigualdades sociais.

BASE CONCEITUAL DA METODOLOGIA DE ESPORTE E EDUCAÇÃO DO IEE

A metodologia proposta pelo IEE[1] para o ensino do esporte está fundamentada na visão de um **Esporte** que possa contribuir para a inserção social de crianças e adolescentes como indivíduos participantes, ou seja, que façam parte do processo pelo qual se compartilham decisões que afetam a própria vida e da comunidade que habitam.

Nesta perspectiva o esporte não tem fim nele mesmo, sendo estimulado e praticado como instrumento de educação, que possa levar educadores e educandos a desenvolver habilidades e competências para além do aprendizado das técnicas e gestos motores presentes nas diferentes modalidades esportivas.

Assim, durante a prática dos jogos, entre o fazer (gestos, gols e pontos) e o compreender (táticas, relações e conceitos), a ação e a reflexão, nos aproximamos do esporte com o ideal de educar crianças e jovens, contribuindo para a formação de cidadãos participativos, autônomos e transformadores da sua realidade.

É com esse propósito que apresentamos o que denominamos de metodologia triangular para o ensino do esporte educacional, representado na Figura 1.1:

---

[1] Instituto Esporte Educação, OSCIP presidida pela ex-atleta da seleção brasileira de vôlei Ana Moser.

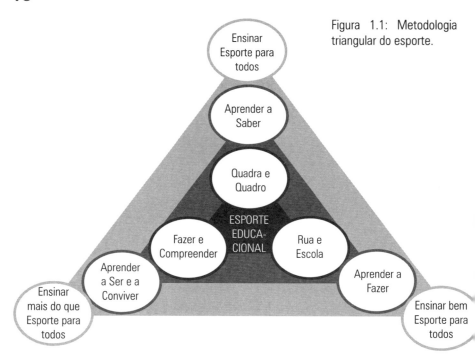

Figura 1.1: Metodologia triangular do esporte.

A pedagogia do esporte educacional, proposta pelo IEE, fundamentada nos quatro pilares da educação para o futuro da UNESCO e nos pressupostos metodológicos e pedagógicos sugeridos por Freire (1998), apresenta três princípios básicos:

1.1 Princípios Pedagógicos do Esporte Educacional

1.1.1 Ensinar esporte para todos

Não nos furtamos à responsabilidade de que o esporte, sendo nosso objeto de estudo, deve ser ensinado com competência e qualidade. Quando partimos do pressuposto de que o esporte é conteúdo a ser aprendido, devemos assumir o compromisso de ensiná-lo para todos. O desafio está em romper com modelos de ensino que, muitas vezes, acabam por dar atenção somente àqueles que por algum motivo, genético ou ambiental, apresentam mais habilidades.

O compromisso é com a inclusão e a participação, e a nossa premissa está em acreditar que qualquer pessoa pode aprender a praticar esportes dentro das suas potencialidades e limitações.

Desta forma, aqueles que jogam bem devem ser orientados para aprender a jogar melhor, ao mesmo tempo que se comprometem a ajudar a aprendizagem do grupo, pois passam a entender que a melhora coletiva resultará em possibilidades maiores para todos. Por outro lado, aqueles que ainda sabem pouco ou nada sobre o esporte, sentem-se incluídos nos processos de aprendizagem do grupo, recebem suporte de professores e alunos mais experientes, participam da aprendizagem de seus pares, sentem-se integrantes independente de seu grau de performance e adquirem a clareza de quais objetivos devem perseguir para avançar no seu desenvolvimento.

Assim, em alguns momentos será necessário alterar, adaptar, reduzir ou aumentar a complexidade dos jogos esportivos (regras, espaço, tempo, material e movimentos) para oportunizar a participação e realização de todos. Ressaltamos que será de extrema importância para o desenvolvimento desta proposta que os alunos, se envolvam, compreendam e se comprometam, participando ativamente da construção das próprias situações de aprendizagem.

1.1.2 Ensinar esporte bem para todos

Para os professores empenhados na construção de uma boa pedagogia esportiva-educacional não basta ensinar, é preciso ensinar bem. Planejamento, ação e reflexão fazem parte do plano do professor que, com os melhores métodos e estratégias, com o maior carinho e atenção, ensina cada aluno a fazer esporte de boa qualidade educacional.

Não importa se em menor ou maior tempo, é preciso ter paciência e conhecer cada aluno, acreditando que todos, dentro de suas limitações e potencialidades físicas, motoras, cognitivas e sócio-afetivas, podem jogar com qualidade e bom desempenho.

1.1.3 Ensinar mais do que esporte para todos

Infelizmente, o conceito de esporte educacional, na grande maioria dos programas esportivos está atrelado exclusivamente ao "jogar" com qualidade e bom desempenho motor. Dessa forma, as habilidades motoras ou gestos específicos das diferentes modalidades devem e, geralmente, são ensinados com planejamento e eficiência. No entanto, quando agregamos o conceito de educação ao esporte, compreendemos que a tarefa educacional consiste em ensinar para algo mais do que a habilidades motoras do esporte e suas técnicas e táticas.

Nesse sentido, o papel do esporte educacional ultrapassa o ensino dos seus fundamentos e técnicas e inclui os seus valores subjacentes, ou seja, conteúdos relacionados às dimensões atitudinal e conceitual. A questão que se coloca é a seguinte: que conhecimentos os alunos deverão adquirir a respeito do esporte, a fim de se tornarem cada vez mais competentes para enfrentar as exigências da vida social, exercitar a cidadania e melhorar sua condição humana?

Debruçar-se sobre essas questões nos conduz a refletir o que se aprende neste processo e que, outras aprendizagens além do esporte (técnica e tática) foram incorporadas entre os alunos, durante o tempo em que estavam praticando juntos.

Assim, a forma como se organiza o processo de aprendizagem, distanciando-se de uma pedagogia mais diretiva em direção a uma prática pedagógica mais aberta, que contemple a concepção de aprendizagem construtivista, que favoreça o desenvolvimento da autonomia e que incentive a participação mais ativa, poderá representar uma significativa diferença na formação dos alunos. Logo, os educandos aprenderão mais do que o esporte. Isto porque compreenderão os diferentes contextos de prática, aprenderão sobre o próprio processo de aprendizagem, e também a pesquisar e a debater sobre essas práticas e por fim, aprenderão a aprender com a participação e integração de todos.

1.2 A Pedagogia do Esporte e a integração entre o fazer, o saber, o conviver e o ser

Os princípios metodológicos descritos acima buscam respeitar os alunos na sua individualidade e acenam com uma pedagogia que possa visualizar

crianças e jovens de forma menos fragmentada. Acreditamos que o espaço de aprendizagem e prática esportiva pode tornar-se um ambiente privilegiado de integração e convivência, onde habilidades do *saber*, do *saber fazer*, do *conviver* e do *ser* têm a mesma importância no processo educacional. Como já afirmamos, o ensino das habilidades motoras e procedimentos são importantes, mas não mais do que o ensino de valores, atitudes, fatos e conceitos. O conceito de esporte educacional deve contemplar conteúdos que possibilitem não só o aprendizado de habilidades motoras, mas também cognitivas, afetivas, de relação interpessoal e de inserção social.

Desta forma, conteúdos que estavam ocultos no currículo tornam-se manifestos e passam a fazer parte do processo de ensino e aprendizagem do esporte. O objetivo desta proposta é ampliar as oportunidades de desenvolvimento psicomotoras, cognitivas e sócio-afetivas de crianças e adolescentes como, por exemplo, aprender estratégias e habilidades para resolver problemas em diferentes contextos, utilizar os conhecimentos disponíveis para enfrentar situações novas e inesperadas, saber trabalhar em equipe, mostrar-se solidário com os colegas e professores, respeitar e valorizar os outros, atuar na comunidade em busca da sua melhoria e transformação, gerenciar a sua formação pessoal e profissional etc.

1.2.1 Das rupturas às interações entre...

1.2.1.1 O Fazer e o Compreender

Há uma tradição muito acentuada no esporte, que se resume muito ao fazer ou ao treinar, e menos ao compreender os sentidos e significados do esporte. No nosso entender, o fazer e o compreender devem caminhar juntos. A idéia não é propor que as aulas se transformem num discurso sobre o esporte e suas diferentes manifestações, práticas e dimensões, mas de pensar em um esporte educacional em que os aprendizes tenham a oportunidade de compreender mais sobre si e o mundo ao seu redor.

Assim, para atender aos princípios de aprendizagem do esporte educacional, que são: incluir a todos; ser tecnicamente e taticamente bem jogado; e aprender mais do que esporte; é necessário assumir procedimentos que levem os alunos a compreender as próprias ações. Isso não ocorre apenas pela boa

intenção dos professores, são necessários conhecimentos de métodos e técnicas pedagógicas para promover a compreensão e reflexão sobre as ações práticas.

Para chamar a atenção do aluno sobre a sua prática é preciso provocar conflitos nas diferentes dimensões do saber, do fazer, do conviver e do ser. Somente uma pedagogia voltada para a constante proposição de desafios e situações-problema pode levar o aluno a refletir e compreender a sua prática. No espaço do fazer, os alunos devem ser estimulados a pensar e a falar sobre suas ações, ou seja, como enfrentaram e resolveram os conflitos, quais as estratégias utilizadas, quais as habilidades e competências aprendidas, quais os conhecimentos a serem construídos, ou seja, estimular a reflexão e ação consciente a partir da análise crítica. É nesse constante ir e vir que se aprende a trabalhar coletivamente em prol de todos, a respeitar e valorizar as diferenças e o trabalho dos outros e, principalmente, a gerenciar e cuidar da sua própria aprendizagem esportiva.

1.2.1.2 O Quadro e a Quadra

No caminho entre o fazer e o compreender, o "quadro negro", espaço destinado ao *aprender* não pode estar desconectado da "quadra", espaço conhecido pelo *fazer*.

Na pedagogia do esporte educacional, pensamos que os conteúdos da quadra precisam ser sistematizados, para que possam ser compreendidos por um número maior de pessoas, adquirindo assim a "respeitabilidade" dos conteúdos do quadro. É preciso que o professor organize suas ações pedagógicas com objetivos, intenções e estratégias educacionais bem definidas, mas que procure preservar aquilo de mais importante e presente no espaço lúdico do jogo: a imprevisibilidade, a criatividade, o símbolo, a subjetividade e a oportunidade de convivência uns com os outros.

Assim, o professor irá buscar a sistematização do trabalho através da explicitação dos objetivos de aprendizagem do esporte, seguindo as consignas: ensinar esporte para todos, ensinar bem esporte para todos e ensinar mais do que esporte para todos. A sistematização se dará a partir do momento em que as propostas puderem ser realizadas, buscando ampliar o processo de ensino e aprendizagem nestas três dimensões.

1.2.1.3 A Rua e a Escola

Nos últimos tempos a falta de espaço nas grandes cidades, a violência, o trabalho infantil parecem ter afastado crianças e jovens do mundo de jogos e brincadeiras na rua. Nos dias de hoje, quando pensamos na formação esportiva, somos obrigados a matricular nossos filhos nas escolinhas de esportes. Entidades governamentais e privadas têm ofertado uma série de programas e projetos esportivos com os mais diferentes fins, nas mais diferentes regiões do nosso país. Se antigamente aprendíamos a fazer e a gostar de esporte na rua, hoje uma quantidade enorme de crianças e jovens tornam-se esportistas na escola.

O problema é que parece haver um muro simbólico entre a rua e a escola, não permitindo que estes espaços convivam harmoniosamente, um alimentando e ajudando ao outro. As escolas de esportes e seus professores operam sobre o paradigma da especialização precoce onde, desde muito cedo, as crianças são divididas por categorias e submetidas a rotinas rígidas e desmotivantes de exercícios e treinos, visando ao rápido aprendizado dos movimentos técnicos e a alta performance, deixando de lado o fator mais motivante do esporte, que é o jogo e o prazer que ele propicia. Assim, as brincadeiras de rua, sua diversidade de experiências e a riqueza de aprendizagens são esquecidas e deixadas de lado.

Nossa proposta é que a pedagogia do esporte possa levar em conta os conhecimentos prévios que as crianças trazem para as aulas. O paradigma operante deve ser o da diversidade, onde os conhecimentos trazidos da rua e de outras experiências sobre o esporte, como a rebatida, o paredão, o vinte um, o relógio, os jogos de pegar etc., possam ser tratados e aprofundados pedagogicamente com a ajuda dos professores, superando assim os níveis anteriores de conhecimento. Ao mesmo tempo que, respeita e valoriza a cultura corporal local, proporcionando significado as aprendizagens esportivas.

ORGANIZAÇÃO E ESTRUTURA DA PRÁTICA DE JOGOS

Para a seleção dos jogos, é importante pensar nos critérios e princípios que devem nortear a ação pedagógica do professor.

2.1 Critérios para a escolha do bom jogo

Um bom jogo para ser ensinado é aquele que:

2.1.1 Possibilita a todos participarem

Durante o jogo, os jogadores devem estar sempre em movimento. Cuidado com jogos onde há muito tempo e/ou filas de espera. A palavra de ordem para um bom jogo é inclusão. Todos os esforços do professor devem convergir para que a criança e o adolescente participem efetivamente das atividades. Na prática, isso significa localizar e superar as causas da não participação.

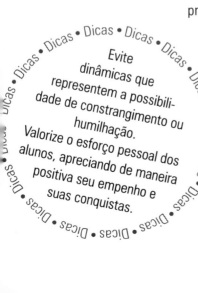

Evite dinâmicas que representem a possibilidade de constrangimento ou humilhação.

Valorize o esforço pessoal dos alunos, apreciando de maneira positiva seu empenho e suas conquistas.

> O bom jogo, principalmente para os "pequenos", é aquele onde se marcam muitos pontos, muitos gols.

2.1.2 Possibilita o sucesso dos participantes

O jogo não pode ser nem muito fácil e nem muito difícil, mas desafiador, motivando os jogadores a investirem suas "forças" na busca dos pontos, dos gols e da vitória. Jogos muito fáceis ou muito difíceis desmotivam os jogadores. O bom jogo sempre deixa o gostinho de "quero mais".

2.1.3 Permite o gerenciamento dos jogadores

Com o passar do tempo, o professor deve interferir o mínimo possível no jogo dos alunos. Esses deverão aprender a gerenciar o espaço do jogo, desde sua preparação até a ação de jogar. Quando é necessária a intervenção constante do professor, mesmo após algum tempo de prática, alguma coisa não vai muito bem. A nossa idéia é que, a cada sessão, o professor deve desafiar os alunos a resolverem situações-problema nas variáveis: material, espaço, gestos e regras.

> Ninguém nasce mais ou menos cooperativo. Cooperação e autonomia se aprendem na ação de cooperar e chegar a acordos para resolver os desafios e conflitos inerentes ao jogo.

> Não pretenda ensinar todas as crianças a jogar como Pelé, mas ajudar cada uma a achar o seu melhor jeito de jogar e fazer esporte.

2.1.4 Favorece adaptações e novas aprendizagens

"É errando que se aprende." A criança pode educar a sua motricidade no espaço do jogar. Cabe ao professor criar condições para que os participantes tenham tempo e espaço para experimentar e repetir as habilidades motoras envolvidas no jogo. Com o passar do tempo, as crianças devem sentir-se seguras para experimentar e correr o risco de errar. A boa jogada, aquela em que o jogador demonstra ter aprendido a jogar e faz o gol ou marca o ponto com competência, muitas vezes nasce do erro e das muitas tentativas de acertar. Neste constante ir e vir, entre acertos e erros, o jogador atualiza seus esquemas de ação, faz as adaptações necessárias e aprende a jogar.

> **Dicas • Dicas • Dicas • Dicas • Dicas • Dicas • Dicas • Dicas • Dicas • Dicas • Dicas • Dicas**
>
> Incentive as crianças a experimentarem as diversas formas de fazer. No jogo o desafio de fazer um gol ou marcar pontos é o mesmo para todos, mas os caminhos são muitos e diferentes.

> **Dicas • Dicas • Dicas • Dicas • Dicas • Dicas • Dicas • Dicas • Dicas • Dicas • Dicas • Dicas**
>
> Junto com as crianças, pense em estratégias de escolha das equipes que mantenham a imprevisibilidade do jogo. Por exemplo, meses do nascimento, cor da camiseta, letra inicial do nome etc. Cuidado com a questão do gênero: meninos e meninas podem e devem jogar juntos.

2.1.5 Mantém a imprevisibilidade

Nos jogos em grupo, o professor deve estar atento à formação das equipes para que haja equilíbrio. Só perder ou só ganhar não tem graça, pois aquele que só ganha não se sente desafiado e aquele que só perde tem a sua auto-estima comprometida. O bom jogo é aquele cujo rumo não pode ser traçado com exatidão, menos ainda seus resultados.

2.2 UTILIZANDO OS JOGOS NA EDUCAÇÃO

Cabe ao professor mediar o processo de ensino e aprendizagem de jogos e esportes, que será mais consistente quanto maior for a possibilidade de interação das crianças e jovens com as regras, gestos, espaço, material, seus pares e o "mundo" ao seu redor. Uma intervenção qualificada pode ajudar os alunos a se aproximarem deste objeto de conhecimento, que é o jogo. Se pudéssemos elaborar um guia de intervenção qualificada para o ensino de jogos e esportes, diríamos que exige:

2.2.1 Organização do tempo e espaço

Para ensinar e aprender a jogar e fazer esporte é preciso aprender a gerenciar o tempo e espaço onde jogamos. O espaço do jogo é a morada das pessoas e dos objetos, e o tempo do jogo é a morada das ações. Para o jogo passar da vontade para a ação é preciso um espaço para estar e um tempo para realizar as ações e vencer os desafios do jogo. Conhecer com antecedência o espaço nos possibilita fazer as adaptações das regras as suas características físicas. Cuidar do tempo possibilita planejar a quantidade e a qualidade das experimentações necessárias para que as crianças pratiquem e aprendam o jogo.

2.2.2 Organização dos materiais

O professor não precisa saber "jogar bem" o jogo que vai ensinar. Ele precisa conhecer bem o jogo e suas características, o que lhe possibilita antecipar os conflitos e dificuldades, criar e adaptar, junto com os alunos, o material indispensável para o jogo, tornando-o mais interessante e prazeroso.

2.2.3 Conhecer os alunos

Se o bom jogo é aquele que possibilita a participação de todos, como ensinar a jogar bem? Uma intervenção qualificada deve respeitar e valorizar os conhecimentos prévios dos alunos. Conhecer os alunos, seus interesses, necessidades e, principalmente, diagnosticar o que já sabem sobre o jogo é o ponto de partida para planejar as estratégias e os tipos de jogo mais adequados a cada grupo.

2.2.4 Aprendizagem significativa

A aprendizagem é mais significativa quando o aluno consegue estabelecer relações com sentido entre o que já conhece e o novo conteúdo. Assim, a aprendizagem significativa tem a ver com a seleção de conteúdos com significado para as crianças, onde o novo não pode estar desconectado do velho. É preciso criar um ambiente onde os conhecimentos possam ser reconstruídos e atualizados. Por meio da valorização da cultura corporal de cada comunidade, os alunos devem ser convidados a participar da seleção dos jogos que serão estudados e aprendidos.

2.2.5 Flexibilização de regras

Uma intervenção qualificada, voltada para a construção de uma atitude cooperativa das crianças, solicita do professor planejamento e intencionalidade. Para educar atitudes e construir valores, é preciso criar um espaço de ajuda mútua, onde os conteúdos atitudinais sejam tratados como objeto de conhecimento.

A atitude cooperativa se aprende no próprio exercício da cooperação. No espaço do jogo, poder discutir as regras e reconstruí-las com argumentos consistentes é crucial para a construção da moralidade autônoma.

A escolha das equipes, a distribuição do material, a estruturação do espaço físico, o sorteio de quem começa com a bola, a definição das funções de cada jogador, a elaboração das estratégias de ataque e defesa e, principalmente, o acordo quanto às regras são funções do professor, das crianças e jovens.

É privilegiando as relações de troca entre as crianças que o jogo pode constituir-se num espaço para o exercício da cooperação. O jogo em grupo – aquele em que as crianças jogam juntas, construindo e reconstruindo regras, gestos, espaço e material, ganhando e perdendo, cooperando e competindo – é um valioso recurso pedagógico para que as crianças aprendam a cooperar.

Nesta perspectiva, cabe ao professor, junto com seus alunos, transformar o espaço do jogo num ambiente cooperativo, onde fazer escolhas, tomar decisões e resolver conflitos sejam tarefas de todos, e não apenas de poucos. Assim, desenvolvem-se aspectos relacionados à cidadania, como o diálogo, a discussão franca e objetiva, a análise das ponderações e idéias, de forma democrática e aberta, a tomada de decisão baseada no interesse e na necessidade da coletividade, sem imposição de atividades, mas respeitando e valorizando os conhecimentos e demandas das crianças e adolescentes.

2.2.6 Quebra de automatismos

Freqüentemente, no espaço do jogo ou esporte, o fim está na busca do automatismo, da perfeição dos gestos e das habilidades, melhorando assim o desempenho dos jogadores. Em nossa proposta, o trabalho do professor não pára por aí. Acreditamos que sempre é possível aprender mais sobre o jogo e o esportes. Defen-

demos a idéia de que o ensino de jogos e esportes não deve apontar para aquilo que o aluno já conhece ou faz, nem para os comportamentos que já domina, mas sim para o que não conhece, não realiza ou não domina suficientemente. Para nós, as crianças devem ser constantemente exigidas em busca do novo conhecimento.

Uma boa pedagogia para o ensino de jogos é parecida com a brincadeira de pega-pega, na qual, ao mesmo tempo em que o aluno busca equilibrar-se diante do novo conteúdo, o professor intervém, provocando novos desafios e ajustamentos. Trata-se da "pedagogia da contradição", que se traduz na constante proposição de situações-problema e desafios que mobilizem o educando a construir novos conhecimentos, atualizando os esquemas que já possui.

2.2.7 Ajuda ajustada

Uma intervenção qualificada, por parte do professor, para o ensino de jogos parte do princípio de que uma ajuda ajustada procura sempre analisar quais as competências que os alunos já possuem e quais aquelas que estão prestes a serem construídas, com a ajuda de terceiros. É na ação de jogar que a criança instrumentaliza-se e adquire competência para "jogar bem". Ao professor, cabe solicitar à criança analisar, revisar, diferenciar, transferir e enriquecer seus esquemas de jogar cada vez melhor. O segredo está em lançar desafios nem muito fáceis, nem muito difíceis, mas de possível resolução, mesmo que, para isso, seja preciso a ajuda dos colegas e/ou professor.

2.3 ESTRUTURA DA AULA

O espaço de aprendizagem de jogos e esportes deve ser, antes de tudo, um espaço de educação integrada, no qual não basta fazer, é preciso compreender. Nas aulas de jogos, fazer e compreender significa integrar as ações do intelecto com as da prática motora. Dessa forma, o conhecimento do que é vivido corporalmente vem à consciência e pode ser imaginado e refletido, transformado e reconstruído a partir dos interesses e motivações das crianças e jovens.

Nesta perspectiva, as aulas/sessões para o ensino de jogos podem ser organizadas em três momentos, relacionados entre si:

2.3.1 Primeiro momento: roda de conversa sobre o jogo do dia

No início da aula, o professor forma uma roda com as crianças para conversar sobre o que será realizado. Esse momento inicial de explicação, no qual a prática corporal dá-se apenas no plano da representação mental e os alunos visualizam as práticas futuras, é fundamental para garantir o bom desenvolvimento do jogo. Com os alunos sentados e com o auxílio de uma lousa, o professor conjuntamente com os alunos:

- Fazem avaliação diagnóstica sobre o que as crianças já sabem sobre o jogo.
- Apresentam as regras, o espaço do jogo e o material.
- Conversam sobre as dúvidas e registram as regras acordadas com os alunos.
- Combinam as variações do jogo.

2.3.2 Segundo momento: vivências e práticas

Trata-se do momento mais visível de uma aula para o aprendizado de jogos. É o momento em que o jogo planejado é realizado. Muitas vezes, alguns ajustes precisam ser feitos, pois, no "calor" da disputa, nem tudo o que foi combinado, as crianças conseguem cumprir. Surgem conflitos, transgressões, desacordos e discussões.

Numa perspectiva construtivista, esses momentos podem ser muito ricos para a aprendizagem. O professor deve fazer uma leitura adequada dos diferentes papéis assumidos pelos jogadores, encaminhar os conflitos e:

- Realizar, junto com os alunos, alterações e/ou adaptações nas regras.
- Entender as transgressões às regras, muitas vezes, como um caminho para a construção dos limites e da autonomia.
- Conversar em roda, com os alunos sentados, sempre que necessário.
- Sugerir novos desafios.

- Utilizar outros sinais, além do apito, para chamar a atenção dos alunos.
- Sugerir trocas de papéis (ataque/defesa).
- Educar atitudes e comportamentos.

2.3.3 Terceiro momento: roda de conversa sobre o que foi feito na aula

Todas as aulas/sessões devem terminar com uma roda de conversa entre o professor e as crianças. Nessa parte final, a exemplo do que acontece no primeiro momento da aula, as práticas corporais não estarão acontecendo. Nesse momento, os alunos falam sobre o que vivenciaram durante a aula, suas dificuldades e facilidades, tomando consciência da sua prática. Falar e conversar sobre os jogos estudados constitui uma ocasião privilegiada para que os alunos compreendam as suas práticas. A roda inicial de conversa, como também a final, não deve tomar muito tempo, por exemplo, não mais que cinco minutos, podendo-se:

- Conversar sobre as atitudes dos alunos.
- Avaliar a aula e programar os jogos das aulas futuras.
- Observar e controlar o planejamento.
- Conversar sobre o que aprendemos além do jogo.
- Incentivar as crianças a admirarem, ainda mais, a prática de atividades físicas e esportes.

JOGOS PARA O DESENVOLVIMENTO DE COMPETÊNCIAS

Os jogos elencados podem ser empregados para a simples aprendizagem de habilidades necessárias a diversos esportes, entretanto, como temos o princípio metodológico de ensinar mais que esporte, entendemos que os jogos descritos podem estimular habilidades e competências para solucionar problemas das demandas escolares e cotidianas, que as crianças se deparam constantemente no processo de aprendizagem.

A seguir apresenta-se uma gama de jogos em que são destacados os aspectos do comportamento humano estimulados em cada uma das práticas corporais (cognitivo, sócio-afetiva e psicomotora), as quais ao serem reunidas e vivenciadas, em movimento de sinergia, nas práticas dos jogos, acreditamos serem fatores propagadores (entre muitos outros) do desenvolvimento de competências para a inclusão das crianças e adolescentes.

Destacamos, ainda, que os jogos descritos constituem-se em exemplos das possibilidades educacionais do jogo, que foram construídos pela relação professor-aluno e aluno-aluno em nossos núcleos e não configuram-se como modelos a serem empregados sem a reflexão e tematização do jogo e construção coletiva das práticas corporais.

3.1 Pega-pega

Material: bolas

Descrição: normalmente, as crianças chegam à escola já conhecendo a brincadeira, que possui inúmeras variações. O educador conversa com as crianças e combina algumas regras – por exemplo, o espaço para a fuga, as maneiras de tocar os amigos para serem pegos, o colega pego poder ou não auxiliar o outro, permitir ou não a utilização do pique – e estabelecer o primeiro pegador.

O que está em "jogo" neste jogo:
Domínio cognitivo: atenção para não ser pego, comparar a velocidade dos participantes, identificar os mais rápidos e memorizar os alunos que são pegadores.
Domínio psicomotor: estruturação espacial (distância e aproximação) nos deslocamentos de fuga e ao desviar dos demais participantes, correr ou saltar ao fugir. Quicar a bola (na variação).
Domínio sócio-afetivo: respeito às regras estabelecidas pelo grupo, disciplina: não sair do espaço delimitado para a atividade, autoconfiança nas tentativas de fuga e de pegar e cooperação quando tiver de ajudar os companheiros a pegarem a turma de fugitivos.

Variação (ajustando as dificuldades ao nível dos participantes):
Facilitando: realizar a atividade com poucos pegadores, que, ao pegarem os fugitivos, trocam de papéis. Estabelecer piques para as crianças descansarem e observarem os pegadores.
Dificultando: quicar a bola, fazer os fugitivos ou pegadores trocarem de mãos, ou usarem a mão não dominante. Dessa forma, as crianças têm de combinar habilidades.
Discussão: os jogos de pegar possibilitam inúmeras combinações de habilidades motoras, pois os alunos podem correr (fugir) quicando bola, chutando, rebatendo etc. Tais habilidades aproximam-se muito das necessárias à prática do basquete: deslocar-se em velocidade em direções variadas, com mudanças de ritmo e controlando a bola com atenção a todos os obstáculos (pegadores, outros fugitivos, espaços em alteração).

3.2 Cerca

Material: bolas

Descrição: o professor delimita o espaço, que poderá ser uma quadra ou outro espaço no sentido do comprimento, riscando uma linha com giz para marcar o meio. Uma criança (cerca) permanece em pé sobre a linha e o seu deslocamento dá-se apenas lateralmente. Os demais permanecem em um dos lados da linha. O professor comanda a brincadeira. "Preparar... Passar". Ao comando, todas as crianças devem passar para o outro lado da linha, saltando com apenas um dos pés, e o pegador deve tentar tocar um ou mais colegas, que assumirão também a posição de cerca e passarão a auxiliar o pegador.

O que está em "jogo" neste jogo:
Domínio cognitivo: concentração no comando do educador e nos movimentos dos pegadores, transferir os conhecimentos de outras brincadeiras para esta, analisar e identificar as estratégias de passagem de um lado para o outro.
Domínio psicomotor: deslocamento lateral na movimentação do pegador (semelhança com o deslocamento defensivo do basquete), saltitar para atravessar o espaço determinado, equilíbrio em um pé, esquivar-se para não ser tocado pelo pegador.
Domínio sócio-afetivo: espírito de equipe dos pegadores para se deslocarem todos na mesma direção, elaboração das estratégias de ambos os grupos, honestidade para indicar-se como cerca após ser pego e autocontrole para avaliar o melhor momento de transpor a cerca.

Variação (ajustando o nível de dificuldade ao nível dos participantes):
Facilitando: as crianças deslocam-se correndo, em vez de saltar. Pode-se facilitar o jogo, aumentando o espaço que a cerca tem de percorrer ou limitando o número de pegadores que formam a cerca.
Dificultando: acrescentar a habilidade de quicar a bola para as crianças que tentam atravessar a cerca. Pode-se utilizar várias cercas no jogo, tendo as crianças de atravessar com domínio do espaço.
Discussão: observam-se duas habilidades do basquetebol: drible e marcação. Para aumentar a aproximação com o basquete, solicita-se que os pegadores roubem a bola em vez de apenas tocá-la no colega.

3.3 Queimada

Material: bolas (variação)

Descrição: as crianças se dividem em duas equipes e espalham-se pelo campo de jogo a fim de dificultar a ação do adversário, que tentará "queimá-las", arremessando a bola em seu corpo. Os atingidos pela bola de forma direta (sem receber com as mãos e sem que a bola toque antes o chão ou outro companheiro) serão considerados "queimados", passando a ocupar o cemitério, onde poderão queimar os adversários da equipe oponente, como demonstra o desenho:

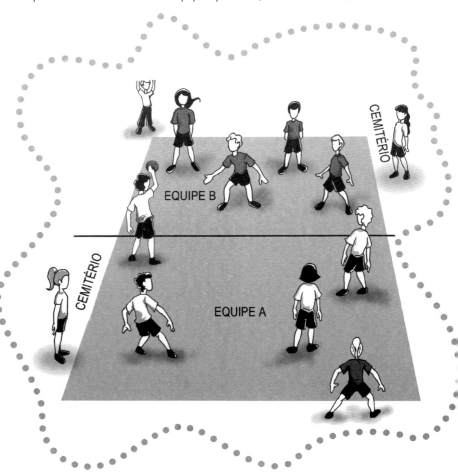

O que está em "jogo" neste jogo:
Domínio cognitivo: analisar a estratégia adversária, comparar os oponentes, a fim de identificar os de arremesso mais potente, aqueles possíveis de recepção, com atenção total, principalmente se forem várias bolas.
Domínio psicomotor: arremessar para queimar os adversários, segurar a bola, correr para distanciar-se do adversário com a bola, esquivar-se e balançar o corpo para desviar-se dos arremessos em sua direção.
Domínio sócio-afetivo: respeito aos outros, lançando a bola no corpo e não no rosto, respeito às regras estabelecidas pelo grupo, participação e trabalho em equipe ao trabalhar para superar a equipe contrária, reconhecendo as virtudes e dificuldades suas e dos colegas.

Variação (ajustando o nível de dificuldade ao nível dos participantes):
Facilitando: não permitir que as crianças se desloquem para fugir da bola, facilitando o arremesso, e diminuir o espaço da quadra para os deslocamentos.
Dificultando: além de aumentar o espaço de fuga, pode-se delimitar uma distância entre os campos e o cemitério para o arremesso. Solicitar o arremesso com a mão não dominante. Para a prática de habilidades do basquetebol, os arremessos devem ser realizados com ambas as mãos, partindo da altura do peito ou por cima da cabeça dos jogadores.
Discussão: a prática da queimada possibilita vivenciar arremessos com a complexidade do basquetebol: rápidos, precisos e com um alvo móvel.

3.4 Coelho na Toca

Material: bolas

Descrição: o professor desenha círculos no chão (tocas). Cada círculo corresponde a uma criança, e alguns jogadores serão coelhos à procura de tocas. As crianças ficam atentas ao som da música; quando esta pára ou se determina outro sinal, os jogadores se transferem de uma toca a outra, saltando nos dois pés. Os coelhos sem toca têm de entrar em uma das tocas desocupadas, antes que outro a ocupe. Os que sobram reiniciam o jogo.

O que está em "jogo" neste jogo:
Domínio cognitivo: percepção e discriminação auditiva, ao diferenciar o final da música, concentração na atividade, pois a reação deve ser imediata, e memória para guardar os sinais, que são estímulos para as trocas.
Domínio psicomotor: saltar para se deslocar de uma toca a outra e orientação espacial e temporal, ao escolher uma toca.
Domínio sócio-afetivo: autoconfiança ao arriscar-se a tocas mais distantes, e respeito às regras estabelecidas pelo grupo.

Variação (ajustando o nível de dificuldade ao nível dos participantes):
Facilitando: aproximar as tocas umas das outras e dos coelhos sem toca. A alteração facilita a execução, pois se pode correr ao invés de saltar. Diminuir o número de coelhos sem toca possibilita a realização das trocas com maior tranqüilidade.
Dificultando: realizar as trocas quicando uma bola e aumentar a complexidade trocando de mão a cada toque da bola no chão. Numerar as tocas, solicitar que a troca seja efetuada na seqüência numérica e dispor as tocas distantes umas das outras.
Discussão: o envolvimento dos alunos tem de ser total, em razão da atividade exigir muita atenção e concentração. A vivência do quicar é de alta complexidade, principalmente ao saltar, devido à necessidade de controle de força para o domínio da bola.

3.5 Bola Errante ou Bobinho

Material: bolas

Descrição: formar trios ou quartetos. Um dos alunos inicia o jogo no centro do grupo, os demais recebem uma bola que deve ser passada de um a outro, sem se deslocar com a bola na mão, evitando que o "bobinho" assuma a posse da bola. Caso isso aconteça, o último que a tocou ocupa o lugar de "bobinho". O professor pode permitir o uso do drible (quicar a bola), ou mesmo estipular o número máximo de toques na bola.

O que está em "jogo" neste jogo:
Domínio cognitivo: avaliar, comparar e conhecer os diferentes níveis de passes dos companheiros para identificar aqueles possíveis de serem interceptados e criar planos para arremessar a bola e interromper o passe.
Domínio psicomotor: arremessar e receber a bola de forma precisa, para evitar ser o "bobinho". Correr em diferentes direções para deslocar-se, facilitando o passe, saltar para tentar pegar a bola passada.
Domínio sócio-afetivo: disciplina, autocontrole, superação nas tentativas de tocar a bola e honestidade no cumprimento das regras determinadas.

Variação (ajustando o nível de dificuldade ao nível dos participantes):
Facilitando: limitar o espaço de deslocamento do grupo é uma forma de facilitar a retomada da bola. Estabelecer apenas uma forma de realização do arremesso. Assim, o nível (altura) de lançamento será sempre o mesmo.
Dificultando: arremessar apenas com a mão não dominante dificulta a precisão e o controle dos passadores; aumentar o espaço para deslocamento e o número de passadores torna mais difícil o corte do passe. É possível combinar a habilidade de saltar com o arremesso e a recepção, dificultando sua realização.
Discussão: é um jogo que exige raciocínio rápido para efetuar o arremesso no momento exato. Caso contrário, a bola será dominada pelo "bobinho". No caso de dificuldade para tocar na bola, o professor pode estabelecer um número máximo de passes para realizar a troca de funções. Outra possibilidade é alterar a dinâmica do jogo: os passadores têm de pegar o "bobinho", passando a bola entre si e a encostando no mesmo. O jogo pode ser realizado com o passe com os pés (chutar).

3.6 Jogo de Basquete dos Números

Material: bolas

Descrição: as crianças ficam frente a frente em duas fileiras (2 equipes), aproximadamente a 10 metros de distância uma da outra. Cada aluno é designado por um número. Alinhadas, as crianças ficam na linha lateral, segundo a ordem dos números. O educador chama, por exemplo, o número 38. Os números 3 e 8, de ambas as equipes, entram na quadra para disputar uma minipartida de basquetebol. A brincadeira termina quando é feita uma cesta ou conforme o tempo determinado pelo educador. Os pontos vão se somando para as equipes e o educador prossegue, chamando outros números. Os alunos não podem se deslocar com a bola nas mãos e devem passá-la ou quicá-la para se movimentarem. Pode-se estipular pontuação para a bola que toca o aro, a tabela ou converte a cesta.

O que está em "jogo" neste jogo:
Domínio cognitivo: identificar e conhecer os números e as operações matemáticas (variação) para entrar no campo da disputa; atenção para os comandos do professor para não perder a vez e prejudicar sua equipe. Comparar e classificar o desenvolvimento dos oponentes para a formulação da estratégia de jogo.
Domínio psicomotor: receber a bola vinda dos passes dos companheiros, arremessar à cesta e aos parceiros, correr e saltar para os deslocamentos necessários ao jogo e quicar a bola para realizar os dribles e fintas, com objetivo de superar o adversário.
Domínio sócio-afetivo: espírito de equipe para trabalhar coletivamente no intuito de ganhar o jogo, participação e superação durante a prática defensiva e responsabilidade por suas atribuições na equipe.

Variação (ajustando o nível de dificuldade ao nível dos participantes):
Facilitando: chamar um aluno de cada vez, não exigindo o trabalho coletivo e facilitando seu trabalho de chegar à meta adversária. Estabelecer uma meta maior do que a cesta, que favoreça os arremessos de longa distância.
Realizar operações matemáticas para determinar os números que irão participar do jogo. Reduzir o espaço ou aumentar o número de participantes, para dificultar as ações ofensivas e exigir estratégias mais elaboradas.
Discussão: é um minibasquete, pois se realizam todos os movimentos necessários a esse esporte, favorecendo a aproximação tático-técnica e exigindo a elaboração de estratégias de jogo coletivas. Possibilita raciocínio lógico-matemático das crianças, ao realizarem as operações, que podem ser dificultadas de acordo com o desenvolvimento da turma.

3.7 O Gato e o Rato

Material: bolas (variação)

Descrição: as crianças formam uma roda de mãos dadas e o professor escolhe três para fazerem o papel de gato e três, de rato. As outras são as portas. Os gatos ficam do lado de fora da roda e procuram as portas abertas, voltadas para o centro da roda e girando, em deslocamento lateral, no diâmetro formado pela roda. Quando encontram uma porta aberta, devem tentar entrar para pegar os ratos. Caso os gatos entrem no interior da roda, as portas devem abrir-se para os ratos saírem e protegê-los, deixando os gatos presos no centro da roda.

O que está em "jogo" neste jogo:
Domínio cognitivo: atenção para não deixar espaços durante o deslocamento da roda e identificar falhas na movimentação da mesma, raciocínio e decisão para tentar entrar no centro da roda e apanhar o rato, transferir conhecimentos de atividades anteriores para este jogo.
Domínio psicomotor: noção espaciotemporal para furar o bloqueio das portas, orientação temporal para ajustar a velocidade e a aceleração necessárias para penetrar no centro do círculo, para o que tem de correr, girar, balançar o tronco e esquivar-se. É necessário rápido deslocamento lateral para não "abrir as portas".
Domínio sócio-afetivo: respeito ao outro para não empurrar ou agredir, espírito de equipe para proteger os ratos, organização e honestidade para não utilizar a força ou burlar as regras.

Variação (ajustando o nível de dificuldade ao nível dos participantes):
Facilitando: as portas se abraçam, diminuindo a área do círculo a ser protegido. Assim, o deslocamento lateral é menor. Diminuir o número de ratos e gatos, exigindo atenção e deslocamentos menores.
Dificultando: acrescentar o quicar da bola nos deslocamentos, podendo variar o grupo que realiza os dribles, ora as portas, ora os gatos ou ratos. Pode-se aumentar o diâmetro da roda, não possibilitando que as portas se toquem. Assim, a movimentação terá de ser muito mais veloz.
Discussão: atividade que exige muito da criança, tanto no aspecto cognitivo (atenção e raciocínio rápido) como motor (deslocamentos em velocidade), situações que acontecem no jogo de basquetebol e em atividades diárias.

3.8 Barra Manteiga

Material: bolas (variação)

Descrição: traçam-se duas linhas paralelas distantes 15m uma da outra. As crianças ficam sobre as linhas, defrontando-se em duas fileiras com o mesmo número de participantes.

Dado o sinal de início, as crianças (três de cada vez), por escolha aleatória, saem correndo, chegando ao campo adversário, batem na palma da mão de um dos inimigos e fogem, saltando com apenas um pé.

O desafiado tenta prender o inimigo antes que ele transponha a linha de sua equipe. Se o desafiado conseguir, o prisioneiro é incorporado à equipe do desafiante, que continua no mesmo grupo. Caso não consiga, o desafiado torna-se desafiante, iniciando o mesmo processo (bater na palma da mão...).

É considerada vencedora a equipe que obtiver o maior número de prisioneiros dentro de um tempo estipulado pelo educador.

O que está em "jogo" neste jogo:
Domínio cognitivo: analisar, identificar e classificar os oponentes mais rápidos.
Domínio psicomotor: saltar em um pé apenas, lateralidade (solicitar saltar ora com o pé esquerdo, ora com o direito) para fugir do adversário, galopar para apanhar o oponente, girar o corpo, esquivar-se para não se deixar pegar.
Domínio sócio-afetivo: conhecimento de seus atributos e limitações, autoconfiança ao desafiar o adversário e responsabilidade para não prejudicar a equipe.

Variação (ajustando o nível de dificuldade ao nível dos participantes):
Facilitando: alterar a habilidade motora para correr e diminuir o espaço para atravessar facilita a prática do jogo. Criar piques no meio do trajeto.
Dificultando: combinar a travessia (habilidade de locomoção) com habilidades de manipulação (quicar, chutar, rebater etc.). Responder a uma pergunta antes de começar a perseguição exige raciocínio lógico do pegador.
Discussão: este jogo exige dos participantes o máximo empenho devido às habilidades de locomoção em alta velocidade, o que é fator complicador da tarefa, facilitando o desenvolvimento motor das crianças.

3.9 Bola à Torre

Material: caixa ou cavalete e bolas

Descrição: no centro de um círculo, no solo ou sobre um cavalete/caixa, está colocada uma bola (um pino, um pau ou algo parecido). Um jogador "guarda" o "castelo". Os participantes, em círculo, jogam a bola entre si e tentam atingir o castelo. O guardião, deslocando-se sobre a linha do círculo, pode desviar os "projéteis" com as mãos e os pés. Quem atingir o castelo, substitui o guardião no limite do círculo.

O que está em "jogo" neste jogo:
Domínio cognitivo: concentração na movimentação dos passadores, conhecer as fintas e identificar as estratégias de enganar a defesa adversária.

Domínio psicomotor: arremessar e receber com a movimentação rápida da bola, estruturação espacial e temporal nos deslocamentos, correr e saltar para realização do jogo.

Domínio sócio-afetivo: organização do grupo na elaboração da estratégia de ataque, resultando em espírito de equipe, respeito às regras estabelecidas para o jogo e participação ativa para cumprir as tarefas, em benefício do grupo.

Variação (ajustando o nível de dificuldade ao nível dos participantes):
Facilitando: aumentar o número de guardiões da torre do castelo, diminuindo a área de deslocamento, o que acarreta maior dificuldade para passar a bola com maior velocidade. Aumento do círculo (área de deslocamento) do defensor, facilitando o alcance ao alvo.

Dificultando: utilizar duas bolas exigirá maior concentração tanto dos passadores como dos defensores. Pode-se também determinar uma distância maior para os passadores se posicionarem e tentarem os arremessos.

Discussão: os movimentos do guardião são de fechar espaços, os mesmos da defesa do basquetebol, e realizados no ritmo real do jogo esportivo, promovendo, de forma lúdica, o desenvolvimento da competência defensiva e a troca de passes rápida entre os atacantes. Caso contrário, não conseguem chegar à meta.

3.10 Tempestade de Bola à Cesta

Material: suporte para cesta e bolas

Descrição: cada grupo se distribui ao redor de um suporte para cesta, e cada jogador lança a sua bola. Na avaliação competitiva individual, pode-se determinar qual o jogador que marca maior número de cestas em um determinado tempo. Em avaliação competitiva de grupos, o desafio pode ser medido por tempo: vence o grupo que marcar 15 cestas em primeiro lugar. Observação: ao redor do suporte para as cestas podem ser traçados círculos com diâmetros variando de 1 a 4 metros, para as crianças realizarem os arremessos de fora dessas marcas. Duas equipes podem jogar em uma mesma cesta. Dentro do círculo, debaixo da cesta, ficam dois jogadores para devolver as bolas, sendo que nenhum jogador pode pisar no círculo por ocasião do lançamento.

O que está em "jogo" neste jogo:
Domínio cognitivo: memorização do movimento de arremesso de resultado positivo, comparar os locais de arremesso, conhecendo os de melhor desempenho, e transferir as aprendizagens anteriores de arremesso para o arremesso específico à cesta.

Domínio psicomotor: arremesso à cesta para a obtenção de pontos no jogo, noção de espaço e distância, esquema corporal para o ajuste do corpo, relaxando e contraindo a musculatura para realização do arremesso.

Domínio sócio-afetivo: honestidade na contagem dos pontos, organização para a realização dos arremessos, pois são várias bolas e pessoas, e autoconfiança para arriscar-se em arremessos mais longos.

Variação (ajustando o nível de dificuldade ao nível dos participantes):
Facilitando: fixar a cesta em local baixo possibilita um arremesso sem técnica e com êxito. Dar mais pontos aos arremessos realizados próximo à cesta motiva as crianças a arremessarem de perto.

Dificultando: alterar o peso e tamanho da bola exige das crianças mais controle e precisão no arremesso. Pode-se elevar a altura da cesta, bem como distanciar os locais de arremesso.

Discussão: esse jogo possibilita a criança realizar inúmeros arremessos em pouco espaço de tempo, favorecendo a aprendizagem desta habilidade de forma desafiadora e prazerosa. Lembre-se de que o arremesso à cesta é a habilidade que mais motiva as crianças na prática do basquetebol.

3.11 Caçador

Material: cesta e bolas

Descrição: com os jogadores dispostos em uma coluna atrás de uma linha, a uma distância de 1 a 5m da cesta, um jogador arremessa a bola e, depois, outro faz o mesmo. Se o primeiro converter seu arremesso, passa a bola imediatamente para o "novo primeiro" da coluna. Se não, tenta apanhar o rebote e arremessar do local, até conseguir converter a cesta. Se o segundo jogador converter a cesta antes do primeiro, este está fora da atividade. O procedimento continua, até que reste apenas um jogador, que será o vencedor do jogo.

O que está em "jogo" neste jogo:
Domínio cognitivo: identificar e conhecer os tipos de arremessos possíveis e movimentos a serem executados e combinados, e classificar os competidores e as zonas de maior acerto.
Domínio psicomotor: arremessar à cesta e receber com o gesto específico de rebote. Reconhecimento do espaço de ação (estruturação espacial) para o arremesso e do tempo, com ajuste do movimento com a velocidade da bola na realização do rebote.
Domínio sócio-afetivo: autocontrole para realizar as tentativas de converter a cesta, superação ao esforçar-se para encestar antes dos adversários e disciplina ao esperar sua vez na coluna de alunos.

Variação (ajustando o nível de dificuldade ao nível dos participantes):
Facilitando: abaixar a altura da cesta e determinar um local mais próximo para os arremessos são medidas que facilitam a execução dos movimentos.
Dificultando: utilizar bolas de tamanho e peso diferentes, o que exige ajuste e controle do movimento a cada tentativa de arremesso, e mudar de local do primeiro arremesso, podendo distanciar da cesta ou alterar o ângulo de arremesso. Exigir das crianças arremessos específicos, como tocar a tabela antes da cesta e arremesso em gancho.
Discussão: esse jogo é excludente: quem é "caçado", é eliminado do jogo (quando a criança que arremessa depois do caçado converter a cesta antes). Assim, é recomendável realizar outro jogo ao mesmo tempo: logo que sai, o caçado entra em outra atividade; ou realizar o jogo ao final da aula, e os "caçados" vão embora. Pode-se realizar a atividade em duplas (uma criança habilidosa e outra com mais dificuldades), evitando a eliminação precoce dos mesmos alunos, os que mais precisam praticar.

3.12 Controle

Material: bola e traves

Descrição: vários jogadores se posicionam frente a uma meta defendida por um goleiro. O objetivo é fazer gols, mas, antes de finalizar, a bola tem que ser tocada por três ou mais jogadores, sem cair no chão. A finalização pode ser feita com qualquer parte do corpo, menos com as mãos. A cada três bolas chutadas para fora, o jogador que realizou o último chute vai para a meta no lugar do goleiro. Pode-se delimitar uma área onde os jogadores da linha não podem entrar para finalizar.

O que está em "jogo" neste jogo:
Domínio cognitivo: planejar seqüências de passes em que todos possam participar, definir estratégias corretas de troca de passes para se chegar ao gol com freqüência, criar alternativas de finalização que possam surpreender o goleiro.
Domínio psicomotor: controlar a bola com habilidade e segurança, organizar-se no espaço de forma que todos possam tocar a bola, finalizar ao gol com força e precisão e passar a bola com qualidade para possibilitar a continuidade do jogo.
Domínio sócio-afetivo: dialogar com os colegas para definir e planejar as estratégias de ataque, demonstrar-se disponível para passar a bola com qualidade aos colegas, respeitar as regras combinadas – quando da troca do goleiro – ser paciente com os erros dos colegas e perseverar na realização do desafio de passar a bola sem deixá-la cair no chão.

Variação (ajustando o nível de dificuldade ao nível dos participantes):
Facilitando: passar a bola rolando-a no solo; passar a bola pingando uma ou mais vezes no chão; aumentar a distância entre as traves.
Dificultando: aumentar a distância entre os jogadores; colocar dois goleiros na meta; determinar a forma de finalização: só com a cabeça, só com o pé esquerdo etc.
Discussão: o jogo do controle possibilita às crianças aprender em a habilidade do passe, que torna o futebol um jogo coletivo, e exercitar em diferentes formas de finalização, desenvolvendo inteligência criativa para chegar ao gol, o grande objetivo do futebol.

3.13 Rebatida

Material: bola e traves

Descrição: utilizando traves ou metas improvisadas, os jogadores, em duplas, tentam fazer gols, finalizando contra a meta da dupla adversária. Cada jogador tem direito a três chutes da marca do pênalti para fazer o gol ou conseguir a rebatida. Caso a bola seja rebatida pelo goleiro, a dupla que defende tenta levar a bola até uma área próxima do gol (combinação entre as duplas), para pegá-la com as mãos e parar a jogada, enquanto a dupla que ataca procura dominar e passar a bola até finalizar para fazer o gol. Se a dupla que ataca faz o gol, marca 2 pontos. Em caso de nova rebatida, o jogo continua e mais 2 pontos são acrescidos ao placar. Rebatidas da bola na trave valem 3 pontos e no travessão, 5 pontos.

O que está em "jogo" neste jogo:
Domínio cognitivo: conhecer e dominar as regras e a seqüência lógica do jogo (momento de atacar e defender), planejar as estratégias de ataque e defesa, antecipando as ações da dupla adversária, contar e registrar os pontos de cada equipe nas diferentes fases do jogo.

Domínio psicomotor: chutar a bola com força e precisão, passar a bola, em movimento, com precisão para o companheiro, deslocar-se no espaço para receber a bola em condições de defender ou atacar e driblar com habilidade para se esquivar da defesa e marcar o gol.

Domínio sócio-afetivo: respeitar as regras combinadas pelo grupo, gerenciar a brincadeira no encaminhamento dos conflitos e discussões, cooperar para resolver os desafios motores propostos pelo jogo, demonstrar autoconfiança e arriscar-se para tentar o chute com rebatida.

Variação (ajustando o nível de dificuldade ao nível dos participantes):
Facilitando: diminuir a distância do chute ao gol; aumentar a distância entre as traves; na rebatida, o parceiro do goleiro só pode ficar dentro de uma área delimitada.
Dificultando: aumentar a distância do chute; chutar com o membro não dominante; não utilizar as mãos para defender; na rebatida, finalizar fora de uma área delimitada.
Discussão: a brincadeira da rebatida possibilita a combinação das principais habilidades envolvidas no jogo de futebol e o seu aprendizado num contexto significativo e prazeroso.

3.14 Chutebol

Material: bola, giz ou bambolês

Descrição: adaptado do beisebol, o chutebol é jogado numa área demarcada com quatro lados iguais (formando a figura de um quadrado) no campo e com uma base em cada vértice. Duas equipes se revezam nas posições de chute e arremesso. Cada jogador deve passar pelo menos uma vez pelas duas posições. A equipe que inicia no arremesso se espalha pelo campo, enquanto um jogador da equipe do chute coloca-se na base de rebatida. Um jogador da equipe de arremesso lança a bola para o jogador do chute, que deverá chutar a bola à maior distância possível. Enquanto um dos jogadores do outro time vai buscar a bola, aquele que chutou procura correr e conquistar o maior número de bases possível. Quando a equipe de arremesso conseguir passar a bola sobre uma das laterais do quadrado, o adversário pára de marcar pontos. Cada base que o jogador conseguir ultrapassar soma um ponto para a sua equipe. Um a um, os jogadores se revezam na posição de chute e arremesso, até que todos tenham a oportunidade de chutar. Quando finalizarem essa rodada, os jogadores contam os pontos e trocam de função: a equipe que estava no arremesso vai chutar e vice-versa.

O que está em "jogo" neste jogo:
Domínio cognitivo: conhecer e memorizar as regras do jogo, construir estratégias de defesa e ataque nas diferentes posições de chute e arremesso, dominar a seqüência lógica do jogo nas suas diferentes fases e registrar corretamente os pontos, de acordo com o andamento do jogo.

Domínio psicomotor: organizar-se no espaço para defender com rapidez e competência, chutar a bola com força e precisão para longe, coordenar o tempo de chute da bola em função da velocidade do arremesso, correr com velocidade pelas bases para marcar o maior número de pontos e arremessar com precisão para dar bom andamento ao jogo.

Domínio sócio-afetivo: dialogar e cooperar, a fim de definir a troca de funções durante o jogo; respeitar as regras, o sistema de rodízio nas diferentes posições, as limitações e potencialidades dos colegas e participar efetivamente nas decisões e adaptações das regras durante a brincadeira.

Variação (ajustando o nível de dificuldade ao nível dos participantes):
Facilitando: chutar a bola parada da base de rebatida; arremessar a bola rolando-a no chão; diminuir a distância entre as bases de arremesso.
Dificultando: arremessar a bola quicando para o "chutador"; aumentar a distância entre as bases; chutar com o membro não dominante (pé bobo).
Discussão: o jogo do chutebol é bastante complexo, o que exige das crianças um crescente envolvimento no processo de cooperação para a construção das regras e a efetiva realização do jogo. É preciso estar bastante atento à participação de todos, já que o jogo solicita algum tempo de espera e um certo nível de habilidade motora.

3.15 Bobinho

Material: diferentes tipos de bola

Descrição: jogo popular entre as crianças. Forma-se uma roda, e um jogador é escolhido para ficar no meio. Os jogadores da roda passam a bola entre si com os pés, podendo dar três toques cada um, evitando que ela seja tocada pelo "bobinho". Se este a toca, quem perdeu a bola vai para o centro da roda. É recomendável que a roda não seja formada por muitos alunos. Por exemplo, caso haja trinta alunos na turma, é melhor três rodas de dez do que duas de quinze.

O que está em "jogo" neste jogo:
Domínio cognitivo: avaliar o nível de habilidade dos jogadores para planejar estratégias de interceptação da bola ou execução de passe e identificar possibilidades de como passar a bola e não perdê-la para o "bobinho".
Domínio psicomotor: passar a bola com precisão, controlá-la bem sem perder seu domínio e organizar-se no espaço e no tempo para que a roda mantenha uma certa estrutura.
Domínio sócio-afetivo: respeitar as regras do jogo, manter-se concentrado e atento e demonstrar disponibilidade para realizar as tarefas inerentes ao jogo, como o passe, domínio e controle de bola.

Variação (ajustando o nível de dificuldade ao nível dos participantes):
Facilitando: aumentar o número de toques na bola; delimitar a área de atuação do bobinho; trocar o bobinho só quando este intercepta duas vezes a bola.
Dificultando: aumentar a distância entre os jogadores na roda; colocar mais do que um bobinho no centro da roda; diminuir o número de toques na bola.
Discussão: o jogo do bobinho exige um nível avançado de controle e domínio de bola. É importante que o professor esteja atento às dificuldades tanto do bobinho, para pegar a bola, quanto dos outros jogadores, para passá-la entre si, fazendo os ajustes necessários para o jogo acontecer.

3.16 Futebol Numerado

Material: bola e traves

Descrição: são escolhidas duas equipes, que se organizam em colunas. A coluna **A** joga contra a coluna **B**, e os jogadores são numerados de acordo com o número de participantes de cada coluna. As colunas se colocam nas linhas de fundo da quadra, do lado oposto ao gol onde irão finalizar. O professor explica que, a cada vez, chamará um determinado número, por exemplo, 4. Os dois alunos número 4 das colunas A e B correm em direção à bola lançada pelo professor em frente das colunas. Aquele que a dominar, tenta driblar o adversário e fazer o gol. Se o gol é assinalado, a sua equipe/coluna marca um ponto. Os pontos são registrados durante um número determinado de jogadas, e a equipe que marca mais gols vence a partida.

O que está em "jogo" neste jogo:
Domínio cognitivo: dominar conceitos relacionados ao sistema numérico, memorizar o seu número e o dos colegas, construir e aplicar estratégias de ataque – quando com a bola – e desarme – quando em situação de defesa – e prestar atenção aos comandos do professor.
Domínio psicomotor: velocidade de reação para chegar até a bola antes do adversário, domínio de habilidades – como conduzir e chutar, driblar e chutar, conduzir e passar –, organizar-se no espaço e tempo, de acordo com os estímulos do professor, visando a driblar o adversário e finalizar para o gol.
Domínio sócio-afetivo: respeitar as regras do jogo e a sua vez de participar, manter-se concentrado e atento durante o jogo e demonstrar disponibilidade para realizar as tarefas inerentes ao jogo, como passe, domínio e controle de bola.

Variação (ajustando o nível de dificuldade ao nível dos participantes):
Facilitando: chamar somente um aluno de cada coluna, privilegiando a situação de ataque; aumentar o tamanho do gol; o goleiro defender sem utilizar as mãos.
Dificultando: colocar duas bolas em jogo; trabalhar com operações do sistema numérico (adição, subtração etc.) chamar dois ou mais números ao mesmo tempo.
Discussão: trata-se de um jogo interessante para atender os diferentes níveis de habilidade de cada turma. É preciso que o professor esteja atento para que todos participem e que não fiquem alunos esperando muito tempo para serem chamados.

3.17 Torre

Material: bola, cones e/ou garrafas pet e giz
Descrição: no centro de um círculo com mais ou menos 5 metros de diâmetro, coloca-se um cone ou outro objeto. Dois alunos dentro do círculo defendem a Torre, de costas para ela. Os demais alunos, com várias bolas, chutam, tentando derrubar a Torre. Os dois alunos que estão no círculo só podem defender com os pés, enquanto os outros só podem chutar "bola rasteira".

O que está em "jogo" neste jogo:
Domínio cognitivo: planejar e aplicar estratégias de como chutar para derrubar o cone e construir táticas de defesa da Torre.
Domínio psicomotor: chutar com força e precisão para derrubar o cone, demonstrar velocidade de reação para defender as bolas chutadas e organizar-se no espaço para as ações de ataque e defesa.
Domínio sócio-afetivo: respeitar o espaço de jogo – chutando de fora do círculo – cooperar e combinar as estratégias, quando na situação de ataque ou defesa da Torre, dialogar e discutir sobre as possíveis alterações nas regras do jogo e não desistir do desafio quando se deparar com dificuldades nas tarefas.

Variação (ajustando o nível de dificuldade ao nível dos participantes):
Facilitando: diminuir o diâmetro do círculo; colocar só um defensor dentro do círculo; permitir a defesa da Torre com as mãos.
Dificultando: aumentar o diâmetro do círculo; chutar e/ou defender a Torre somente com o membro não dominante; colocar mais torres e/ou defensores dentro do círculo.
Discussão: o jogo mobiliza a construção de estratégias e planos de ataque e defesa, o que favorece a cooperação entre as crianças. No plano da motricidade, o jogo possibilita que todos participem, independente do nível de habilidade, sendo importante que todos tenham uma bola para iniciar o jogo.

3.18 Bateria

Material: bolas e traves

Descrição: um goleiro para defender a meta e os demais jogadores, cada um com uma bola, distantes de 10 a 20 metros do gol. Cada um recebe um número. Por exemplo, se forem 15 jogadores, são numerados de 1 a 15. Mas não ficam nessa ordem, um ao lado do outro, mas dispostos aleatoriamente: 2, 6, 9, 1, 10 etc. Ao sinal do professor, que chamará os números também de forma aleatória, os jogadores vão chutando com intervalos de 1 a 3 segundos por chute. Dessa forma, o goleiro não sabe exatamente de onde vem cada chute. Pode-se fazer uma competição entre os números pares e ímpares, alternando os jogadores na posição de goleiro.

O que está em "jogo" neste jogo:
Domínio cognitivo: estar atento ao número chamado pelo professor, conhecer e dominar a seqüência numérica e sua classificação em pares e ímpares.

Domínio psicomotor: chutar a bola com precisão, demonstrar velocidade de reação para chutar a bola logo após o comando do professor, velocidade de reação do goleiro para defender a bateria de chutes e organizar-se no espaço para que cada jogador possa executar o seu chute no momento certo.

Domínio sócio-afetivo: respeitar a seqüência de chutes de acordo com o estímulo dado pelo professor, estar disponível para jogar tanto no gol como na posição de chutador, cooperar e combinar as estratégias – quando na situação de ataque ou defesa da Torre – dialogar e discutir sobre possíveis alterações nas regras do jogo e não desistir do desafio quando se deparar com dificuldades nas tarefas.

Variação (ajustando o nível de dificuldade ao nível dos participantes):
Facilitando: diminuir a distância do chute ao gol; aumentar o tamanho do gol; o goleiro defender somente com os pés ou cabeça.

Dificultando: aumentar a distância do chute ao gol; chutar com o membro não dominante; colocar mais do que um goleiro na meta.

Discussão: este jogo favorece o aprendizado da habilidade de chutar num contexto agradável e significativo, além da tolerância de esperar pela sua vez de participar. Isso ajuda na construção de uma noção de tempo, que é do grupo, e não individual.

3.19 Bola ao Capitão

Material: bolas

Descrição: formam-se duas equipes, com o mesmo número de jogadores, e cada equipe escolhe o seu Capitão, que deve ficar dentro da área, no gol do lado oposto ao campo da sua equipe. O objetivo do jogo é fazer a bola chegar às mãos do Capitão, sem deixar a outra equipe interceptá-la. Quando o jogador adversário pegar a bola, sua equipe passa a ter a posse e a tarefa de chegar com a bola às mãos do seu Capitão. Para isso, as equipes se utilizam das habilidades básicas do futebol, como o passe, a condução e o drible. Cada vez que o Capitão receber a bola, marca-se um ponto para a equipe.

O que está em "jogo" neste jogo:
Domínio cognitivo: planejar e aplicar estratégias para realizar o desafio do jogo, combinar como se organizar no espaço para conseguir fazer a bola chegar ao Capitão e descobrir "caminhos" diferentes para realizar a tarefa.
Domínio psicomotor: combinar os gestos de conduzir, driblar e passar a bola com habilidade e precisão e organizar-se no espaço com competência para se livrar da marcação e receber a bola em condições de fazê-la chegar ao Capitão.
Domínio sócio-afetivo: trabalhar em grupo para alcançar o objetivo do jogo, ajudar na construção das estratégias de ataque e defesa, perseverar na tarefa de passar a bola uns aos outros para ter sucesso no jogo e respeitar as limitações e os potenciais de cada jogador da sua equipe.

Variação (ajustando o nível de dificuldade ao nível dos participantes):
Facilitando: colocar duas bolas em jogo; colocar dois ou mais Capitães na área de recebimento da bola; aumentar o tamanho da área delimitada para o Capitão.
Dificultando: diminuir o tamanho da área delimitada para o Capitão; limitar o número de passes que cada equipe pode realizar até que a bola chegue ao Capitão; definir e limitar a forma de passar a bola: só rasteira, só com o pé direito, só com o pé esquerdo etc.
Discussão: este jogo aproxima-se muito do futebol tradicional, exigindo dos jogadores combinações das habilidades específicas do futebol e um nível avançado de cooperação e trabalho em grupo. Ao professor, cabe estar atento à alternância dos jogadores na função de Capitão e na importância de as equipes terem sucesso no desafio proposto pelo jogo. O jogo pode ser realizado com posse de bola com as mãos.

3.20 Dardo com Pés

Material: bolas, corda e giz

Descrição: desenham-se no chão 5 círculos, um dentro do outro, formando 5 zonas de pontuação. A mais externa vale 1 ponto, a segunda, 2 pontos e assim sucessivamente, até a central, que vale 5 pontos. Os jogadores chutam, cada qual a sua bola, em direção aos círculos. A pontuação correspondente à zona onde a bola tocar ou parar é atribuída ao aluno que a chutou. A cada rodada de chutes, são somados os pontos. Ao final do jogo, vence o jogador ou equipe que somar mais pontos.

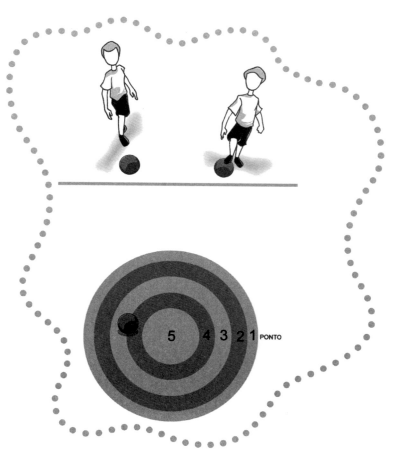

O que está em "jogo" neste jogo:
Domínio cognitivo: identificar as zonas do campo e sua pontuação correspondente, quantificar os pontos a cada rodada, descobrir formas diferentes de chutar a bola – visando a alcançar uma boa pontuação – e comparar os placares dos diferentes jogadores ao final de cada rodada.
Domínio psicomotor: chutar/lançar a bola com precisão nas zonas de pontuação, experimentar diferentes formas de chutar a bola e repetir o chute até acertar a zona dos 5 pontos.
Domínio sócio-afetivo: respeitar as regras do jogo, esperar pela sua vez de chutar, cuidar da sua bola durante o jogo e perseverar na tarefa de chutar e acertar a bola na zona de pontuação.

Variação (ajustando o nível de dificuldade ao nível dos participantes):
Facilitando: aumentar o diâmetro dos círculos de pontuação; diminuir a distância entre o local do chute e as zonas de pontuação; jogar com bolas mais leves.
Dificultando: chutar com o membro não dominante; jogar com bolas diferentes (peso, volume etc.); chutar com os olhos fechados ou sobre algum obstáculo.
Discussão: trata-se de uma brincadeira que contempla, de forma muito positiva, desafios nas dimensões da cognição, motricidade e atitudes, um bom exemplo de uso do jogo como recurso pedagógico para a educação integral das crianças.

3.21 Bochabol

Material: bola de tênis, bolas de futebol e giz

Descrição: adaptado do jogo de bocha, o bochabol é jogado num campo, em forma retangular de dimensões 15 x 5 metros. Formam-se duas equipes, cada jogador com uma bola. As equipes se colocam uma de cada lado do campo e, como no jogo de bocha, lança-se uma bola menor (bola de tênis) dentro do espaço delimitado pelas linhas traçadas com giz. Um jogador de cada equipe, de forma alternada, coloca-se na zona de arremesso (atrás da linha de fundo) e chuta a sua bola, procurando chegar o mais próximo possível da bola pequena. As bolas que ultrapassam as linhas do campo são desprezadas, e a equipe que chega mais perto da bola pequena vence o jogo.

O que está em "jogo" neste jogo:
Domínio cognitivo: analisar as diferentes possibilidades de chutar a bola e selecionar a mais adequada, combinar com os colegas a seqüência de chutes, descobrir formas diferentes de chutar – visando a alcançar a bola pequena ou tirar as bolas da outra equipe de perto dela.

Domínio psicomotor: chutar/lançar a bola, com precisão, o mais perto possível da bola pequena, executar com competência as estratégias de chute escolhidas e experimentar diferentes formas de chutar a bola, visando a atingir o objetivo do jogo.

Domínio sócio-afetivo: ser disponível para combinar as regras e estratégias com os colegas de jogo, demonstrar autoconfiança e arriscar-se a chutar da forma escolhida, tolerar os seus erros e os dos colegas e perseverar, buscando melhorar seu desempenho e o da sua equipe no jogo.

Variação (ajustando o nível de dificuldade ao nível dos participantes):
Facilitando: aumentar o tamanho do campo; jogar num piso que ofereça mais resistência às bolas; jogar com bolas mais pesadas.
Dificultando: chutar com o membro não dominante; chutar com a bola em movimento; chutar de diferentes formas (de bico, com a parte interna do pé, com a parte externa, de calcanhar etc.)
Discussão: o jogo bochabol possibilita que os jogadores melhorem a sua habilidade de passar a bola com precisão, controlando a força do chute. Solicitar das equipes a construção de planos e estratégias de como jogar bem contribui para desenvolver a análise, a síntese e o senso de antecipação, e, ainda, avaliar as estratégias da equipe adversária durante o jogo.

3.22 Handvôlei

Material: bola
Descrição: delimitação do espaço, que pode ser a quadra de handebol ou futsal, com a utilização dos dois gols. O objetivo do jogo é uma equipe fazer gol contra a outra e vice-versa. Só podem fazê-lo rebatendo a bola ou usando os fundamentos do vôlei (toque, manchete, ataque ou saque), e somente de fora da área.

O que está em "jogo" neste jogo:
Domínio cognitivo: atenção para não perder a posse de bola e compreensão das regras.
Domínio psicomotor: estruturação espacial, relação força-distância e habilidades combinadas (correr e rebater, saltar e rebater).
Domínio sócio-afetivo: respeito às regras estabelecidas, autoconfiança ao rebater a bola e defender a rebatida do adversário e cooperação dentro de cada equipe para alcançar o objetivo.

Variação (ajustando o nível de dificuldade ao nível dos participantes):
Facilitando: segurar a bola para depois rebatê-la: sem se locomover, segurar a bola e só depois executar o passe. Permitir que a bola toque no solo apenas uma vez para cada passe.
Dificultando: para o gol ser válido, a equipe tem de rebater a bola sem que ela toque o solo e passar por todos os integrantes da equipe.
Discussão: este jogo possibilita inúmeras combinações de habilidades: correr e rebater, saltar e rebater etc. A prática dessas habilidades aproxima-se muito da prática do vôlei, como recepção/defesa, levantamento, saque, ataque e bloqueio.

3.23 Limpando a Casa

Material: bolas e rede de vôlei

Descrição: o mesmo espaço que a quadra de vôlei ocupa, cada equipe de um lado da rede. O objetivo é deixar o seu lado sem nenhuma bola. Estipulado o tempo da partida, ao final, a equipe com menos bolas em seu campo é a vencedora.

O que está em "jogo" neste jogo:
Domínio cognitivo: compreensão das regras para ser possível jogar.
Domínio psicomotor: estruturação espacial, relação força-distância.
Domínio sócio-afetivo: respeito às regras estabelecidas, respeito aos adversários e cooperação dentro de cada equipe, para alcançar o objetivo.

Variação (ajustando o nível de dificuldade ao nível dos participantes):
Facilitando: ajuste da altura da rede e permissão para segurar a bola antes de jogá-la para o outro lado da quadra.
Dificultando: ajuste da altura da rede e, em vez de marcar o tempo, utilizar os gols de cada lado da quadra. O objetivo do jogo passa a ser fazer gol na outra equipe, jogando a bola sobre a rede.
Discussão: este jogo possibilita ao aluno refletir sobre a melhor maneira de passar a bola por sobre a rede, favorecendo o processo de aprendizagem pela compreensão.

3.24 Base 4 ou Vôleibase

Material: bola e cones
Descrição: como no beisebol, após rebater a bola, o jogador, tem de conquistar as bases numeradas antecipadamente (base 1, 2, 3 e 4), marcadas pelos cones. A diferença é que, em vez da utilização do taco, golpeia a bola executando os fundamentos do vôlei (toque, manchete, ataque ou saque). O grupo é dividido em duas equipes: uma ataca (rebate) e outra defende (impede que a outra equipe conquiste as bases). Para evitar que a equipe atacante conquiste as bases, a defesa tem de queimar o jogador que rebateu a bola ou a base que o jogador irá conquistar (a base da frente).
Obs.: o jogador só pode ser queimado quando está fora da base.
Mudam-se as funções de cada equipe quando três jogadores que estão atacando são eliminados ou se, no momento da rebatida, a equipe da defesa pega a bola no ar (sem tocar o solo).

O que está em "jogo" neste jogo:
Domínio cognitivo: compreensão das regras para ser possível jogar. A cada base conquistada, a equipe ganha um ponto, e, ao conquistar todas as bases, soma-se os pontos ganhos, trabalhando, assim, a matemática.

Domínio psicomotor: estruturação espacial, relação força-distância, visão periférica (correr e olhar a equipe da defesa com a bola).

Domínio sócio-afetivo: respeito às regras estabelecidas, autoconfiança ao rebater a bola e cooperação dentro de cada equipe, quando na defesa.

Variação (ajustando o nível de dificuldade ao nível dos participantes):
Facilitando: aproximar as bases a conquistar ou limitar o espaço de atuação da equipe de defesa.

Dificultando: rebater a bola após o lançamento de um jogador da defesa e alterar as habilidades de locomoção (correr, saltar, saltitar, galopar) no deslocamento até as bases.

Discussão: neste jogo, pode-se rebater com o intuito de aproximar a habilidade do fundamento saque. Além disso, consiste em uma ótima atividade para que os alunos percebam as maneiras mais fáceis de jogar a bola o mais longe possível.

3.25 Rede Humana

Material: bola

Descrição: delimitação do espaço; por exemplo, a quadra de vôlei. O jogo envolve 3 equipes, uma contra a outra, e a terceira funciona como rede. A equipe que está na posição de rede fica apenas sobre a linha central da quadra, podendo apenas se locomover lateralmente em sua extensão e saltar sem pisar fora da linha. Essa equipe só sai dessa posição quando uma das equipes jogar a bola contra a rede ou quando a rede pegar a bola (ao saltar e interceptar). Dessa forma, a "rede" troca de lugar com a equipe que errou.

O que está em "jogo" neste jogo:
Domínio cognitivo: compreensão das regras para ser possível jogar, análise e síntese das estratégias de jogo.
Domínio psicomotor: estruturação espacial quando da percepção da força-distância e arremessar e receber.
Domínio sócio-afetivo: respeito aos companheiros, determinação para defender e cooperação dentro de cada equipe para alcançar o objetivo.

Variação (ajustando o nível de dificuldade ao nível dos participantes):
Facilitando: permitir que as equipes que estão fora da rede segurem a bola em um dos toques.
Dificultando: antes de ser passada para o outro lado da quadra, a bola tem de passar pela mão de todos os integrantes da equipe.
Discussão: este jogo possibilita inúmeras combinações de habilidades – correr e rebater, saltar e rebater etc. – próximas da prática do vôlei, como recepção/defesa, levantamento, saque, ataque e bloqueio (equipe que está na posição de rede).

3.26 Bate e Rebate

Material: bola e paredão

Descrição: o objetivo é golpear (atacar) a bola em direção ao chão para que toque na parede e volte ao ponto de início para um novo golpe, repetindo o processo no decorrer do jogo.

O que está em "jogo" neste jogo:
Domínio cognitivo: a variação do jogo (dois ou mais jogadores com a mesma bola) estimula a atenção e a memória (ordem de cada jogador).
Domínio psicomotor: estruturação espacial, relação força-distância e habilidades combinadas (correr e rebater, saltar e rebater).
Domínio sócio-afetivo: na variação do jogo (dois ou mais jogadores com a mesma bola), a cooperação para manter a bola em jogo durante o maior tempo possível. Disciplina para a execução dos movimentos necessários ao controle da bola.

Variação (ajustando o nível de dificuldade ao nível dos participantes):
Facilitando: permitir ao jogador segurar a bola antes de golpeá-la.
Dificultando: combinação de fundamentos (um toque antes do ataque), e alternar membros (atacar com membro dominante e não dominante).
Discussão: este jogo possibilita inúmeras combinações de habilidades – correr e rebater, saltar e rebater etc. – próximas da prática do vôlei, como levantamento e ataque, além de estimular deslocamentos diversificados (frente e trás, direito e esquerdo).

3.27 Vôlei-pizza

Material: rede, bola e giz

Descrição: fazer um círculo dividido em fatias, como pedaços de pizza. Cada pedaço corresponde a uma numeração (ex.: 1, 2, 3, 4, 5, 6, 7, 8). Os jogadores são distribuídos no espaço sobre a pizza (nº de jogadores 6, 8, 10), enquanto a rede ou um obstáculo fica no meio da pizza. O objetivo é derrubar a bola na pizza do outro lado da rede com lançamentos, somando o maior número de pontos em um determinado tempo.

O que está em "jogo" neste jogo:
Domínio cognitivo: compreensão das regras para ser possível jogar, estimular a atenção, memória e raciocínio lógico-matemático, comparar os lançamentos nas áreas com maior pontuação.
Domínio psicomotor: lançar e receber a bola, estruturação espacial e temporal.
Domínio sócio-afetivo: espírito de equipe para trabalhar coletivamente no intuito de ganhar o jogo, participação, responsabilidade com as suas atribuições na equipe.

Variação (ajustando o nível de dificuldade ao nível dos participantes):
Facilitando: aumentar o número de participantes, trabalhar a soma ou subtração, quando a bola toca o pedaço de pizza numerado.
Dificultando: colocar toque ou manchete, trabalhar a multiplicação ou divisão, quando a bola tocar o pedaço de pizza numerado.
Discussão: a prática dessas habilidades, como levantamento e recepção, aproxima-se muito da prática do vôlei, além de estimular deslocamentos diversificados (frente e trás, direito e esquerdo) e o raciocínio matemático.

3.28 Cortagol

Material: bola
Descrição: o jogo tem como objetivo a disputa de pênalti: o batedor lança a bola e faz um movimento de ataque (cortada); cada jogador tem três cobranças de pênalti.

O que está em "jogo" neste jogo:
Domínio cognitivo: compreensão das regras para ser possível jogar, planejamento das estratégias de ataque e defesa, antecipação das ações da outra equipe.
Domínio psicomotor: lançar e rebater a bola com força e precisão, velocidade de reação, estruturação espacial e temporal.
Domínio sócio-afetivo: autoconfiança, discutir táticas de ataque e defesa, além de tomada de decisão.

Variação (ajustando o nível de dificuldade ao nível dos participantes):
Facilitando: goleiro sentado de frente para a bola, o ataque feito de toque; após sinal de autorização, o goleiro levanta-se para a defesa.
Dificultando: goleiro de costas para o atacante; após o sinal de autorização da cobrança, vira-se e tem de fazer a defesa de manchete ou toque em dois tempos.
Discussão: este jogo possibilita inúmeras combinações de habilidades: correr e rebater, girar e rebater, e favorece a vivência da transição da posição de expectativa à defesa.

3.29 Vôlei-tênis

Material: bola de pano, cones e fita

Descrição: o jogo, adaptado do tênis, com características de rebater (com uma das mãos, com as duas mãos por baixo, por cima) sobre a fita presa nos cones, pode ser jogado um em favor de um (cooperativo) ou um contra um (competitivo).

O que está em "jogo" neste jogo:
Domínio cognitivo: atenção e concentração durante a prática do jogo e compreensão das regras para ser possível jogar.
Domínio psicomotor: rebater com precisão, estruturação espacial e temporal.
Domínio sócio-afetivo: cooperar, dialogar sobre a melhor estratégia, ouvir e respeitar as decisões do colega.

Variação (ajustando o nível de dificuldade ao nível dos participantes):
Facilitando: colocar dois quiques, rebater com o membro dominante, diminuir o campo de jogo.
Dificultando: jogar em duplas, aumentar a altura da fita.
Discussão: este jogo possibilita inúmeras combinações de habilidades: lançar, rebater, correr, saltar etc., além de favorecer a aproximação tática do vôlei.

3.30 Pega-vôlei

Material: bola e cone

Descrição: formar duas fileiras, uma de frente para a outra, representando duas equipes com número igual de jogadores. Como no vôlei, uma equipe joga a bola para a outra. A equipe que deixar a bola cair foge da outra equipe, iniciando um pega-pega. O jogador pego passa para a equipe adversária.

Obs.: a equipe que está fugindo precisa correr até um limite predeterminado, onde não poderá ser pega. Depois disso, pode voltar às fileiras e reiniciar o jogo.

O que está em "jogo" neste jogo:
Domínio cognitivo: análise e planejamento das estratégias para ser possível jogar, estimular a atenção.
Domínio psicomotor: correr, lançar e receber a bola, estruturação espacial e orientação temporal.
Domínio sócio-afetivo: espírito de equipe para trabalhar coletivamente no intuito de ganhar o jogo, participação, responsabilidade com as suas atribuições.

Variação (ajustando o nível de dificuldade ao nível dos participantes):
Facilitando: permitir que os jogadores segurem a bola antes de passar para a outra equipe.
Dificultando: colocar toque e/ou manchete, ou aumentar a distância entre as equipes.
Discussão: a prática dessas habilidades aproxima-se muito da prática do vôlei, como levantamento e recepção, além de estimular deslocamentos diversificados (frente e trás, direito e esquerdo).

3.31 Vôlei-dado

Material: dado e bola de vôlei
Descrição: parecido com o vôlei, porém, com a forma de pontuação diferente. No momento em que a equipe conquista o ponto (faz a bola cair no chão do lado da equipe adversária), tem o direito de jogar o dado: se o número for par, é somado à quantidade de pontos a favor da equipe; se for ímpar, é subtraído.

O que está em "jogo" neste jogo:
Domínio cognitivo: compreensão das regras para ser possível jogar, estimular a atenção, memória e raciocínio lógico-matemático nas operações de adição e subtração.
Domínio psicomotor: lançar e receber a bola, estruturação espacial e temporal.
Domínio sócio-afetivo: espírito de equipe para trabalhar coletivamente no intuito de ganhar o jogo, participação, responsabilidade com as suas atribuições.

Variação (ajustando o nível de dificuldade ao nível dos participantes):
Facilitando: permitir que a bola toque uma vez o chão, trabalhar a soma ou subtração de acordo com o resultado representado pelo dado.
Dificultando: trabalhar a multiplicação ou divisão de acordo com o resultado representado pelo dado.
Discussão: a prática desse jogo é semelhante ao vôlei, com a realização dos fundamentos do vôlei somados ao raciocínio matemático.

BIBLIOGRAFIA

ADORNO, Theodor W. *Palavras e Sinais*: modelos críticos 2. Tradução de Maria Helena Ruscher. Petrópolis: Vozes, 1995.

BROUGÈRE, Gilles. *Jogo e Educação*. Tradução de Patrícia Chittoni Ramos. Revisão técnica e apresentação de Gisela Wajskop. São Paulo: Artes Médicas, 1998.

CAILLOIS, Roger. *Os jogos e os homens:* a máscara e a vertigem. Lisboa: Cotovia, 1990.

DEWEY, John. *Democracia e Educação*: introdução à filosofia da educação. Tradução de Godofredo Rangel e Anísio Teixeira. 3ª.ed. São Paulo: Nacional, 1956.

ELKONIN, D. B. *Psicologia del juego*. Havana: Pueblo y Educación, 1984.

FREIRE, João B. *Educação de corpo inteiro*. Campinas, São Paulo: Scipione, 1989.

FRIEDMAMN, Adriana. *Brincar:* Crescer e aprender, o resgate do jogo infantil. São Paulo: Moderna, 1996.

GRAÇA, A.; OLIVEIRA, J. *O ensino dos jogos desportivos*. 2ª.ed. Porto: Cejd, 1997.

HUIZINGA, Johan. *Homo Ludens*. Tradução de João Paulo Monteiro. 4ª.ed. São Paulo: Perspectiva, 1996.

LEONTIEV, Alexis N. Os princípios psicológicos da brincadeira pré-escolar. In: VIGOTSKY, Lev. et al. *Linguagem, desenvolvimento e aprendizagem.* Tradução de Maria da Penha Villalobos. São Paulo: Ícone/Edusp, 1988. p.119-142.

MATTOS, Mauro G.; NEIRA, Marcos G. *Educação Física Infantil:* Construindo o movimento na escola. São Paulo: Phorte Editora, 1999.

ORLICK, Terry. *Vencendo a competição.* São Paulo: Círculo do Livro, 1989.

PIAGET, Jean. *A formação do símbolo na criança:* imitação, jogo e sonho; imagem e representação. Tradução de Álvaro Cabral e Christiano Monteiro Oiticica. 3.ed. Rio de Janeiro: Zahar, 1978.

PICCOLO, Vilma L .N. (org). *Pedagogia dos Esportes.* Campinas: Papirus, 1999.

ROSSETTO JÚNIOR, Adriano J. *Jogos e brincadeiras na Educação Infantil:* um balanço das dissertações e teses defendidas nos programas de pós-graduação em educação. Dissertação de Mestrado em Educação: História, Política e Sociedade. Pontifícia Universidade Católica. São Paulo, 2003.

VIGOTSKY, Lev. et al. *Linguagem, desenvolvimento e aprendizagem.* Tradução de Maria da Penha Villalobos. São Paulo: Ícone/Edusp, 1988.

VYGOTSKY, Lev. *A Formação Social da Mente.* São Paulo: Martins Fontes, 1984.

WALLON, Henry. *A evolução psicológica da criança.* Tradução de Ana de Moura e Rui de Moura. 3.ed. rev. São Paulo: Andes, 1981.